QU'EST-CE QUE LA JUSTIFICATION ?

COMITÉ ÉDITORIAL

CHEMINS PHILOSOPHIQUES

Collection dirigée par Roger POUIVET

Anne MEYLAN

QU'EST-CE QUE LA JUSTIFICATION ?

Paris

LIBRAIRIE PHILOSOPHIQUE J. VRIN

6, place de la Sorbonne, Vᵉ

2015

W. Alston, *Epistemic Justification. Essays in the Theory of Knowledge*,

© William P. Alston, 1988.

Translated by kind permission of Ridgeview Publishing Company.

© *Librairie Philosophique J. VRIN,* 2015

Imprimé en France

ISSN 1762-7184

ISBN 978-2-7116-2643-4

www.vrin.fr

QU'EST-CE QUE LA JUSTIFICATION ? *

INTRODUCTION

Nous ne pourrions espérer répondre à une interrogation du type « qu'est-ce qu'un bababa ? », par exemple « qu'est-ce qu'un coléoptère ? », « qu'est-ce qu'un acte juste ? » ou, dans notre cas, « qu'est-ce que la justification ? », si nous n'avions pas préalablement une idée au moins grossière du « bababa » en question, c'est-à-dire de ce que l'on cherche. Il y a plusieurs façons de se faire une telle idée. Une méthode simple, souvent utilisée par les philosophes et dont nous allons également faire usage maintenant, consiste à pointer du doigt l'objet de notre recherche à l'aide d'exemples.

* Cet ouvrage a bénéficié des commentaires précieux de Coralie Dorsaz, Julien Dutant, Pascal Engel, Davide Fassio, Olivier Massin, Kevin Mulligan, Martine Nida-Rümelin, Roger Pouivet, Daniel Schulthess, Gianfranco Soldati, ainsi que de la relecture attentive de Juliette Blanchet. Il a été rédigé grâce au généreux soutien du département de philosophie de l'Université de Fribourg ainsi que celui du Fonds national de la recherche scientifique (subsides: 100018-124613 et 100018-140404).

La chaparderie

Victor a 6 ans et vient de faire une bêtise. Il a dérobé un paquet de bonbons à l'épicier du quartier. Quand Martha, sa mère, s'en rend compte, elle décide de l'emmener présenter ses excuses. Au moment où Martha claque la porte apparaît Mme Félicie, sa voisine de palier, connue pour ses commérages et ses médisances. Quand Mme Félicie demande à Martha ce qu'elle a de si urgent à faire avec Victor, Martha décide de lui mentir. Elle affirme à Mme Félicie que Victor a besoin d'aller consulter un dentiste.

Le train

Comme tous les soirs, Victoire attend le train qui la reconduit chez elle. Après avoir entendu le message sonore annonçant l'arrivée de son train, Victoire en déduit que son train va entrer en gare dans quelques minutes.

La plupart d'entre nous qualifieront le mensonge de Martha de « justifié » dans ces circonstances et estimeront que Victoire est indéniablement « justifiée » à croire que son train va entrer en gare dans cette situation. Autrement dit, « la chaparderie » est un exemple d'*action* justifiée alors que « le train » est un exemple de *croyance* justifiée et c'est cette propriété, celle que le mensonge de Martha et la croyance de Victoire ont en commun, qui constitue notre objet de recherche. Avant d'en dire plus à son propos, nous souhaitons lever une ambiguïté inhérente au terme « justification ». En philosophie, ce terme est employé pour désigner une propriété, *la propriété d'être justifié* qui, comme nous venons de le voir, est susceptible d'être exemplifiée par divers types de choses, par exemple, des actions et des croyances. Cette précision est importante car le terme « justification » peut être – et est, hors des discussions philosophiques, souvent – employé pour faire référence à l'*acquisition* de la propriété d'être justifié plutôt qu'à la propriété elle-même. Le terme « justification » est souvent utilisé de manière analogue aux termes « destruction », « abolition », « digestion », qui désignent l'action (ou l'événement) consistant en l'acquisition d'une propriété (celle d'être détruit, aboli, digéré) et non cette propriété elle-même. Une fois de plus, tel n'est pas l'usage que font les philosophes du terme « justification ». Dans ces pages, le terme « justification » désigne la propriété d'être justifié et non pas l'acquisition de cette propriété.

Les exemples d'actions et de croyances justifiées ci-dessus nous procurent une idée grossière de la justification. Mais ils ne suffisent pas à nous dire ce qu'elle est. Nous disposons d'au moins deux façons d'en savoir plus à son propos. La première d'entre elles consiste à nous demander ce que nous disons ordinairement quand nous affirmons qu'une action est justifiée, c'est-à-dire à nous appuyer sur la signification ordinaire du terme « justifié » (nous l'appellerons *la méthode sémantique*) [1]. La seconde consiste à dresser la liste des caractéristiques importantes de la justification (nous l'appellerons *la méthode métaphysique*).

JUSTIFICATION ET RAISONS

Commençons par la méthode sémantique. Qu'affirmons-nous lorsque nous disons, comme dans l'exemple de la chaparderie, « mentir est justifié dans ces circonstances », ou plus

---

1. La supposition à l'œuvre ici est que la signification ordinaire du terme « justifié » nous indique ce en quoi cela consiste pour une entité (action, croyance, etc.) d'être justifiée. L'idée que la signification du terme « bababa » nous indique ce en quoi cela consiste pour une chose d'être un bababa est courante dans la philosophie analytique, en particulier dans la première moitié du XXe siècle.

généralement « cette action est justifiée dans ces
circonstances » ? Que signifie ordinairement ce genre de
phrase [1] ? Une manière avérée de répondre à cette question
consiste à faire appel aux *raisons d'agir* :

> « Cette action est justifiée dans ces circonstances » signifie
> qu'il y a une raison d'accomplir cette action dans ces
> circonstances.

La définition des actions justifiées qui en résulte est la
définition simple suivante :

Définition simple

Une action justifiée est une action telle qu'il existe une
raison de l'accomplir.

La définition simple ne serait pas d'une grande utilité si
nous n'étions pas en mesure d'en dire plus sur les raisons
d'agir. Commençons par une remarque peu contestée à leur
propos. Il est généralement admis qu'une raison d'accomplir
une action consiste en quelque chose qui *parle en sa faveur*.
Par exemple, le fait que le soleil brille est une raison de dresser
la table sous le châtaignier dans la mesure où le fait que le soleil
brille est quelque chose qui parle en faveur de cette action.
Cette remarque nous permet de reformuler la définition simple
ci-dessus. Dire qu'une action justifiée est une action telle qu'il
existe une raison de l'accomplir revient à dire :

---

1. La raison pour laquelle nous questionnons en priorité la signification des
phrases dans lesquelles « justifié » est prédiqué des actions est que nous
possédons de prime abord une meilleure compréhension intuitive de ce que cela
signifie pour une *action* d'être justifiée que de ce que cela signifie pour une
croyance d'être justifiée.

Une action justifiée est une action telle qu'il existe quelque chose qui parle en faveur de l'accomplissement de cette action.

Première variante :
définition indépendante de la perspective

Même avec cette précision, cependant, il subsiste plusieurs manières de faire varier la définition simple de la justification qui correspondent aux différentes manières de concevoir les raisons d'agir. Pour voir cela, considérons une nouvelle fois l'exemple de la chaparderie, mais supposons que Martha ne sache absolument rien des mauvaises habitudes de Mme Félicie. Supposons maintenant que Martha mente parce qu'elle a honte de l'action de son fils. Même si Martha n'a pas connaissance des commérages incessants de Mme Félicie, il n'en demeure pas moins vrai que ces derniers parlent en faveur de l'action de mentir. Autrement dit, l'ignorance de Martha n'empêche pas les commérages incessants de Mme Félicie d'être une *raison* de mentir. En général, il y a une manière ordinaire de concevoir ce qu'est une raison d'agir telle qu'une chose peut compter comme une raison d'agir même si l'auteur de cette action (ou n'importe quel autre individu) n'a pas conscience de l'existence de cette chose. Pour le dire autrement, il existe une façon courante de concevoir ce qu'est une raison d'agir telle que le fait que telle ou telle chose soit une raison d'agir ne dépend pas de la perspective d'un individu, mais de la manière dont les choses sont. Appelons cette conception des raisons d'agir « la conception indépendante de la perspective ». La définition suivante est une variante de la définition simple de l'action justifiée qui intègre cette conception :

Définition indépendante de la perspective

> Une action justifiée est une action telle qu'il y a une raison de l'accomplir et l'existence d'une telle raison n'est pas dépendante de la perspective des individus sur les choses mais des choses elles-mêmes.

Deuxième variante :
définition dépendante de la perspective

La deuxième variante de la définition simple correspond à une deuxième manière de concevoir les raisons d'agir. Cette deuxième conception peut être assez facilement saisie en modifiant une nouvelle fois l'exemple de la chaparderie. Imaginons que Martha croit *à tort* que Mme Félicie est une commère. Dans les faits, Mme Félicie n'est pas une commère mais Martha ment parce qu'elle pense que tel est le cas. Il n'en demeure pas moins vrai qu'il y a –en un sens du terme « raison » qui est précisément celui que nous cherchons à cerner– une raison de mentir dans ces circonstances. Après tout, du point de vue de Martha, il y a une chose qui parle en faveur de l'action de mentir. Du point de vue de Martha, il y a bel et bien *une raison* de mentir. Il existe donc une deuxième conception des raisons d'agir qui fait dépendre l'existence des raisons d'agir de la perspective d'au moins un individu, du fait qu'au moins un individu considère qu'il existe une telle raison. Nous appellerons cette deuxième manière de concevoir les raisons d'agir « conception dépendante de la perspective». La définition ci-dessous est la variante de la définition simple de l'action justifiée qui intègre cette deuxième conception des raisons d'agir.

Définition dépendante de la perspective

> Une action justifiée est une action telle qu'il y a une raison de l'accomplir et l'existence d'une telle raison est dépendante de la perspective d'au moins un individu.

Troisième variante : définition normative

Selon la conception dépendante de la perspective, il est nécessaire, pour qu'une chose compte comme une raison d'agir, que cette chose soit considérée comme une raison d'agir par un individu. Mais le seul fait qu'un individu considère une chose comme une raison d'agir ne semble pas toujours *suffire* à faire de cette chose une raison d'agir. L'exemple suivant permet de voir cela.

Médecin 1

> Lors de sa garde de nuit, un médecin voit arriver une fillette et ses parents. Ces derniers, paniqués, lui expliquent que leur fille souffre de fortes douleurs au ventre depuis plusieurs heures. Ils sont convaincus qu'elle souffre d'une appendicite. Le médecin les croit sur le champ et organise l'opération. Pourtant, s'il l'avait examinée, même rapidement, il aurait compris que les douleurs de la fillette n'étaient pas causées par une appendicite mais par une grave intoxication alimentaire.

Si l'existence d'une raison d'agir dépend de la perspective du médecin, il y a bien, dans ces circonstances, une raison d'opérer la fillette. Pourtant, intuitivement, il semble incorrect d'affirmer que l'opération est justifiée. L'opinion du médecin n'est pas assez bien fondée pour cela. Lorsque nous faisons dépendre la justification d'une action de la perspective d'un individu, nous exigeons, par ailleurs, que cette perspective soit elle-même *justifiée*. Autrement dit, tout ce qu'un individu considère comme une raison d'agir n'est pas forcément une raison d'agir. Il faut encore que cet individu soit justifié à considérer comme une raison d'agir ce qu'il considère comme une raison d'agir, c'est-à-dire, *qu'il ait une raison de* considérer comme une raison ce qu'il considère comme une raison [1]. Le problème, dans « médecin 1 », est précisément que tel ne semble pas être le cas. Le médecin n'est pas justifié à penser que la fillette souffre d'une appendicite. C'est pour cela, suggérons-nous, que l'action d'opérer la fillette ne semble pas justifiée dans ces circonstances. Nous avons affaire ici à une conception des raisons d'agir qui se distingue :

> – de la conception indépendante de la perspective dans la mesure où l'existence d'une raison d'agir dépend bel et bien du fait qu'un individu considère qu'une telle raison existe, c'est-à-dire de sa perspective ;

> – de la conception dépendante de la perspective dans la mesure où elle précise que la perspective en question doit elle-même être justifiée.

Nous baptiserons cette troisième conception « conception normative ». La variante de la définition simple de l'action justifiée qui intègre cette troisième conception est la suivante :

---

1. Cette affirmation est problématique dans la mesure où elle aboutit à un *regressus*. Le médecin aura également besoin d'une raison (de niveau 3) de considérer comme une raison ce qu'il considère comme une raison (de niveau 2) de considérer comme une raison ce qu'il considère comme une raison (de niveau 1) d'opérer la fillette, et ainsi de suite. Nous reviendrons sur cette difficulté lorsque nous discuterons de la différence entre théories fondationnalistes et cohérentistes de la justification.

Définition normative

> Une action justifiée est une action telle qu'il y a une raison de l'accomplir et l'existence d'une telle raison est dépendante, d'une part, du fait qu'un individu le croie, d'autre part, du fait qu'il soit justifié à le croire.

Lorsqu'une action est justifiée en ce double sens, nous dirons qu'il y a non seulement une raison mais une *bonne* raison de l'accomplir. Il faut prendre garde de ne pas confondre les *bonnes* raisons et les raisons *moralement bonnes* d'agir. Une version modifiée de l'exemple du médecin permet de saisir cette différence.

Médecin 2

> Lors de sa garde de nuit, un médecin voit arriver une fillette et ses parents. Ces derniers, paniqués, lui expliquent que leur fille souffre de fortes douleurs au ventre depuis plusieurs heures. Ils sont convaincus qu'elle souffre d'une appendicite. Le médecin ne sait pas s'ils ont raison. Il organise quand même l'opération parce qu'il sait d'expérience qu'une telle intervention est financièrement intéressante.

Dans cet exemple modifié, l'action d'opérer la fillette satisfait les deux conditions de la définition normative. Le médecin considère bien le résultat financier d'une telle opération comme une raison d'opérer la fillette et il est également justifié (par son expérience) à considérer que tel est le cas. Il a donc bien, au sens décrit ci-dessus, une *bonne* raison d'opérer la fillette. Mais l'impact financier d'une opération est, moralement parlant, une mauvaise raison de l'opérer. Il arrive, de fait, bien souvent qu'une raison d'agir soit bonne en un sens et mauvaise en un autre. Nous reviendrons sur ce point lorsque nous discuterons la « spécificité multiple » de la justification.

*Les croyances justifiées : définitions indépendante de la
perspective, dépendante de la perspective et normative*

Récapitulons. Nous avons commencé par dire que, selon la signification du terme « justifié », une action justifiée n'est autre qu'une action telle qu'il y a une raison de l'accomplir. Puis nous avons indiqué que cette suggestion n'était pas satisfaisante dans la mesure où il existe au moins trois conceptions des raisons d'agir. À ces trois conceptions correspondent trois définitions de l'action justifiée. Tout cela est parfaitement transposable aux croyances. Autrement dit, il existe trois définitions distinctes des croyances justifiées qui correspondent à trois conceptions distinctes des raisons de croire.

Définition indépendante de la perspective

Une croyance justifiée est une croyance telle qu'il y a une raison de l'entretenir et l'existence d'une telle raison n'est pas dépendante de la perspective des individus sur les choses mais des choses elles-mêmes.

Définition dépendante de la perspective

Une croyance justifiée est une croyance telle qu'il y a une raison de l'entretenir et l'existence d'une telle raison est dépendante du fait qu'individu considère qu'il y a une telle raison.

Définition normative

Une croyance justifiée est une croyance telle qu'il y a une raison de l'entretenir et l'existence d'une telle raison est dépendante, d'une part, du fait qu'un individu le croie et, d'autre part, du fait qu'il soit justifié à le croire.

La croyance de Victoire que son train va entrer en gare est justifiée selon les trois définitions. En effet, dans l'exemple du train présenté ci-dessus, il y a une raison de croire que le train va entrer en gare et ceci est vrai quelle que soit la conception des raisons de croire. Le message sonore qui précède l'arrivée d'un train en gare est une raison de croire qu'un train va entrer en gare selon la conception indépendante de la perspective, dans la mesure où ce message est, dans le monde dans lequel vit Victoire, quelque chose qui indique que le train va entrer en gare. Ensuite, Victoire considère que ce message est une raison de croire que son train va entrer en gare. Le message en question satisfait donc l'exigence de la conception dépendante de la perspective. Finalement, il n'y a aucune raison de penser que Victoire n'est pas justifiée à considérer que le message sonore en question est une raison de croire que son train va entrer en gare. La croyance de Victoire satisfait, par conséquent, les exigences de la conception normative.

LES CARACTÉRISTIQUES
DE LA JUSTIFICATION

Venons-en maintenant au second moyen d'en dire plus sur la justification, à ce que nous avons baptisé ci-dessus « la méthode métaphysique ». Celle-ci consiste à décrire quelques-unes des caractéristiques importantes de la justification.

LE CARACTÈRE TRANSCATÉGORIEL

Tout d'abord, comme cela est déjà apparu plusieurs fois, la justification est une propriété susceptible d'être possédée ou exemplifiée par plusieurs types d'entités, entre autres, par des actions et des croyances[1]. La justification diverge, de ce point de vue, de la propriété d'être vraie, qui n'est pas une propriété susceptible d'être exemplifiée par des actions, et de la propriété d'être induite à volonté, qui n'est probablement pas une propriété que les croyances peuvent exemplifier (à première vue du moins, nous ne pouvons pas croire à volonté

---

1. Les émotions et les désirs sont également susceptibles d'exemplifier cette propriété. Sur la justification des émotions, voir J. Deonna et F. Teroni, « From Justified Emotions to Justified Evaluative Judgements », *Dialogue*, 51/1, 2012, p. 55-77.

comme nous pouvons agir à volonté)[1]. Cette capacité à être exemplifiée par des actions mais également par des croyances, nous l'appellerons « caractère transcatégoriel » de la justification. Le caractère transcatégoriel est un trait largement ignoré dans les travaux qui sont consacrés à la justification. Dans leur grande majorité, les discussions philosophiques qui traitent de la justification mentionnent uniquement la justification des *croyances* et ne tiennent pas compte du fait que cette propriété est également exemplifiée par des actions.

LA NORMATIVITÉ

Une seconde caractéristique de la justification est sa normativité. La propriété d'être justifié est une propriété normative au même titre que la propriété d'être juste, vicieux, mauvais, pardonnable, obligatoire, dégoûtant, etc.[2]. La propriété d'être justifié diffère en cela de la propriété d'être carré, bleu, léger, rugueux, salé, etc. qui sont des propriétés indépendantes de toute forme d'évaluation[3]. Lorsque nous disons d'une action qu'elle est justifiée, nous ne sommes donc pas en

1. Sur cette question, voir R. Pouivet, *Qu'est-ce que croire ?*, Paris, Vrin, 2003, p. 16-18. Nous en rediscuterons dans le commentaire de texte qui occupe la seconde partie de cet ouvrage.

2. Nous utilisons le terme « normatif » pour désigner l'ensemble des propriétés non naturelles. Voir K. Mulligan, « Values », *The Routledge Companion to Metaphysics*, R. Poidevin, P. Simons, A. McGonigal and R. Cameron (eds.), London, Routledge, 2009, p. 401-411, pour un usage similaire.

3. La question de savoir en quoi les propriétés normatives diffèrent des propriétés naturelles ou non normatives est une question très complexe. Pour notre propos, il est suffisant que nous admettions le fait incontestable que nous faisons, au moins, une différence conceptuelle entre ces deux types de propriétés. Le simple fait que certains philosophes cherchent à réduire les propriétés normatives à des propriétés non normatives prouve qu'ils opèrent eux-mêmes cette distinction conceptuelle.

train de porter un jugement sur ces propriétés naturelles ou non normatives comme lorsque nous disons que Gustave et plus grand que Nestor, que la commode est en pin ou qu'elle compte trois tiroirs. Or, il est largement admis que lorsqu'une chose possède une propriété normative – lorsqu'elle est dégoûtante, pardonnable, etc. – elle possède cette propriété normative *en vertu* d'une ou de plusieurs de ses propriétés non normatives. Par exemple, une texture peut être dégoûtante en vertu de sa viscosité, un mouvement gracieux en vertu de sa vitesse et de son amplitude, une décision injuste en vertu du déséquilibre financier qu'elle induit, etc. De manière analogue, dès lors, lorsqu'une action ou une croyance est justifiée, elle est justifiée *en vertu* d'une ou de plusieurs de ses propriétés non normatives. Cela a naturellement comme conséquence que chaque fois qu'une action ou une croyance est justifiée, cette action ou cette croyance possède (au moins) deux propriétés :

> a. la propriété d'être justifiée ;
> b. la propriété non normative en vertu de laquelle elle est justifiée.

Le schéma suivant illustre cette idée.

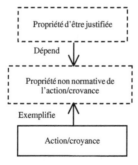

Action/croyance justifiée

La structure métaphysique de la justification

Nous venons de voir que la justification est une propriété qu'une entité (croyance ou action) exemplifie en vertu d'autres propriétés (non normatives) que cette entité possède. D'un point de vue métaphysique, cela nous permet de saisir que la justification est une propriété qui se situe à un « niveau supérieur » à celui des propriétés (non normatives) dont elle dépend (qui se situent à un « niveau inférieur »). Concentrons maintenant, brièvement, notre attention sur ce « niveau inférieur ». Qu'est-ce qui, à cet autre niveau, est, d'un point de vue métaphysique, toujours le cas lorsqu'une entité est justifiée ? La réponse est la suivante : la propriété en vertu de laquelle une entité est justifiée est une propriété *relationnelle* non normative de cette entité (PRN dans le schéma ci-dessous), et non pas une propriété *monadique*. Chaque fois qu'une entité est justifiée, elle est justifiée en vertu d'une certaine *relation* (« RJ » dans le schéma ci-dessous) que cette entité entretient avec un autre élément que nous baptiserons « élément justificateur ». Comme nous le constaterons par la suite, la nature de la relation RJ ainsi que celle de l'élément justificateur diffèrent selon les théories de la justification épistémique [1]. Mais la structure métaphysique suivante est commune à toutes les théories de la justification.

---

1. Pour une présentation des diverses théories de la justification épistémique, de la manière selon laquelle chacune d'entre elles conçoit les propriétés (non normatives) en vertu desquelles une croyance est justifiée, voir p. 37 à p. 71.

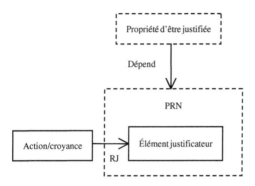

Lorsqu'une action ou une croyance est justifiée, elle exemplifie une propriété relationnelle non normative (PRN) qui est
la propriété *en vertu de laquelle cette entité est justifiée.* Pour
simplifier, nous baptiserons occasionnellement cette propriété
relationnelle non normative « propriété justificatrice ». La propriété justificatrice contient – au moins, mais nous verrons que,
selon certaines théories de la justification, elle contient plus
que cela – la relation de justification et l'élément justificateur.
La propriété justificatrice est donc nécessairement distincte de
l'élément justificateur (qui ne comprend pas, pour sa part,
la relation de justification). Comme nous l'examinerons en
détail par la suite, certaines théories de la justification épistémique (les théories externalistes) « rapprochent » la propriété
justificatrice de l'élément justificateur. Selon ces théories, il
n'y a, en effet, qu'à ajouter la relation de justification pertinente entre l'élément justificateur et la croyance pour que cette
dernière soit justifiée. D'autres théories de la justification épistémique (les théories de l'accès, principalement) attestent plus
nettement du fait qu'il ne faut pas confondre propriété justificatrice et élément justificateur. Selon les théories de l'accès, en
effet, la propriété justificatrice – ce qui est *suffisant* à faire

d'une croyance C une croyance justifiée – contient nettement *plus* qu'un élément justificateur et une relation de justification.

LA SPÉCIFICITÉ MULTIPLE

Il existe plusieurs espèces de justification. Nous appellerons cette troisième caractéristique de la justification, sa « spécificité multiple ». L'exemple suivant aide à voir cela :

Le permis de conduire

> Émile est sur le point de passer un test de conduite. Émile est un garçon très anxieux qui a toujours raté tous ses examens à cause de sa nervosité et de son manque de confiance en lui. Les chances que les choses se passent différemment dans le cas d'un test de conduite sont pratiquement inexistantes. Sa nervosité va sans doute se manifester sous la forme de maladresses qui vont immédiatement être sanctionnées par l'examinateur. L'unique moyen de réussir dont dispose Émile est qu'il croit sincèrement être capable de passer son examen de conduite. Conscient de cela, Émile arrive à s'en convaincre. Au moment où il se met au volant, il entretient la croyance qu'il est capable de conduire sans faire d'erreur.

La croyance d'Émile est, d'une certaine façon, justifiée. Il y a bien, en effet, dans ces circonstances – souvenons-nous de la définition simple de la justification ci-dessus –, une raison de croire qu'il est capable de conduire sans faire d'erreur, c'est-à-dire quelque chose qui parle en faveur de cette croyance. Croire qu'il en est capable est le seul moyen pour Émile d'obtenir son permis de conduire ou, pour le dire en des termes plus généraux, croire qu'il en est capable présente un intérêt pratique. Le type de justification en jeu ici est la justification *pratique*. La croyance d'Émile est pratiquement justifiée.

> Une croyance/action *pratiquement* justifiée est une
> croyance/action telle qu'il y a une raison *pratique*
> d'entretenir cette croyance/d'accomplir cette action, c'est-à-
> dire une chose qui parle en faveur de la correction pratique de
> cette croyance/action.

Mais, d'un autre point de vue, la croyance qu'il est capable
de conduire sans faire d'erreur semble parfaitement *injustifiée*.
Il y a également, dans ces circonstances, des raisons de ne *pas*
entretenir cette croyance (c'est-à-dire des raisons soit de
suspendre son jugement à propos de la capacité d'Émile à
réussir, soit d'entretenir la croyance qu'il ne va pas réussir). Le
caractère d'Émile et ses échecs préalables sont bel et bien des
raisons de ne *pas* entretenir la croyance qu'il va réussir à passer
son permis. Le caractère d'Émile et ses échecs préalables sont
des raisons de penser que la proposition « Emile va réussir à
passer son permis » est *douteuse* sinon *fausse*. Et c'est en tant
que tels que le caractère d'Émile et ses échecs préalable parlent
en faveur de la non-possession de la croyance qu'il va réussir.
La justification spécifique en jeu cette fois-ci est la justification qui a trait à la vérité/fausseté des croyances. C'est la
justification *épistémique*. La croyance qu'il est capable de
conduire sans faire d'erreur est *épistémiquement* injustifiée
dans la mesure où il y a, dans ces circonstances, des raisons de
penser que cette croyance *n'est pas vraie*.

> Une croyance *épistémiquement* justifiée est une croyance
> telle qu'il y a une raison *épistémique* d'entretenir cette
> croyance, c'est-à-dire une chose qui parle en faveur de sa
> vérité (de sa correction épistémique) [1].

---

1. Nous évitons intentionnellement d'indiquer si les raisons épis-
témiques/pratiques en question sont ou ne sont pas dépendantes de la
perspective de l'individu. Il serait, néanmoins, possible de proposer une

La distinction supposée entre la justification épistémique et la justification pratique a beaucoup occupé les philosophes. Nous en reparlerons abondamment dans le commentaire de textes situé dans la seconde partie de cet ouvrage. Nous avons dit à plusieurs reprises que non seulement les croyances mais également les actions sont susceptibles d'être justifiées. Pour être plus précise, nous aurions dû dire que les croyances et les actions sont toutes deux susceptibles d'être *pratiquement* justifiées. Comme il n'est pas possible d'évaluer les actions du point de vue de leur vérité (une action n'est pas vraie ou fausse, seulement, par exemple, correcte ou incorrecte, bonne ou mauvaise, etc.), la justification épistémique ne concerne que les croyances. Autrement dit, il fait sens de parler de la justification pratique et de la justification épistémique de telle ou telle croyance. Mais il ne fait pas sens de parler de la justification épistémique des actions.

La justification opère donc dans, au moins, deux domaines spécifiques : le domaine pratique et le domaine épistémique. La justification est une propriété normative qui fonctionne, de ce point de vue, comme la propriété d'être *bon*. Il y a plusieurs manières d'être bon comme il y a plusieurs manières d'être justifié. Un geste, par exemple, peut être moralement et/ou pratiquement et/ou esthétiquement bon. De manière analogue, comme nous venons de le mentionner, une croyance peut être pratiquement et/ou épistémiquement justifiée. La justification diffère, de ce point de vue, des propriétés normatives qu'il est impossible de posséder de plusieurs façons comme, éventuellement, la propriété d'être gracieux. La propriété d'être

définition indépendante de la perspective, une définition dépendante de la perspective et une définition normative de la justification épistémique et de la justification pratique.

gracieux est une propriété normative qui n'opère, semble-t-il, que dans le domaine esthétique.

La justification morale

Nous nous sommes contentée jusqu'ici de présenter la différence entre la justification pratique et la justification épistémique. Pour être plus complète, nous devons encore mentionner la justification *morale*.

> Une croyance/action *moralement* justifiée est une croyance/action telle qu'il y a une raison *morale* d'entretenir cette croyance/d'accomplir cette action, c'est-à-dire une chose qui parle en faveur de la correction morale de cette croyance/action.

Dans l'exemple du permis de conduire, la justification pratique et la justification épistémique semblent diverger. La croyance d'Émile semble, tout à la fois, pratiquement justifiée et épistémiquement injustifiée. Voici maintenant un exemple dans lequel c'est la justification *morale* d'une croyance qui, apparemment, diverge de sa justification épistémique.

Le dossier de candidature

> Bernadette occupe un poste important dans les ressources humaines d'une grande entreprise alimentaire. Bernadette est en train d'évaluer deux dossiers de candidature pour un poste à responsabilité dans le secteur de la comptabilité. Au moment où son regard se pose sur le nom de l'une des deux candidates, Martine Blancpain, Bernadette a la vague impression que ce nom lui rappelle quelque chose. Martine Blancpain était, en effet, l'une des camarades de classe de la fille de Bernadette. À l'époque, Martine Blancpain était bien connue des parents d'élèves et des enseignants pour ses bagarres incessantes avec les autres élèves de sa classe (qui s'étaient même, à plusieurs reprises, terminées par une

hospitalisation). Bernadette a une excellente mémoire. Il lui suffirait d'énoncer ce nom et ce prénom à haute voix ou simplement de les relire pour retrouver d'où elle connaît Martine Blancpain. Mais Bernadette s'interdit de se remémorer qui est Martine Blancpain pour éviter que d'anciens souvenirs viennent perturber son jugement. Elle croit ainsi, sur la base des dossiers de candidature qu'elle a à sa disposition, que les deux candidates sont équivalentes du point de vue de leurs compétences personnelles et sociales.

La croyance de Bernadette que les deux candidates ont des compétences personnelles et sociales équivalentes peut être considérée comme *épistémiquement injustifiée* dans la mesure où Bernadette a des raisons de penser (même si elle refuse d'en prendre conscience) que Martine Blancpain présentait des troubles du comportement sérieux quand elle était jeune. Mais la croyance de Bernadette est *moralement justifiée* dans la mesure où il y a semble-t-il quelque chose de moralement inacceptable à se laisser influencer par ce que l'on sait, par hasard, concernant les jeunes années d'une candidate à un poste. Il y a quelque chose qui parle en faveur de la correction morale de la croyance qu'adopte finalement Bernadette. Mais du point de vue de l'objectif épistémique, celui qui consiste à entretenir des croyances vraies, l'attitude épistémiquement correcte à adopter, dans la situation dans laquelle se trouve Bernadette, n'est certainement pas celle de croire que les deux candidates sont équivalentes du point de vue de leurs compétences sociales. Bernadette a des raisons épistémiques de penser que les deux candidates ne sont pas forcément sur un pied d'égalité en ce qui concerne leurs compétences personnelles et sociales.

Le caractère graduel

Une autre caractéristique de la justification est qu'elle est susceptible d'être exemplifiée à différents degrés, contrairement, par exemple, à la propriété d'être situé à votre droite ou à la propriété d'avoir lieu à 7 h 30. Une action ou une croyance, par exemple l'action de mentir ou la croyance que le train va entrer en gare, peut être *plus ou moins* justifiée [1]. En revanche, un objet ne peut pas être plus ou moins situé à votre droite : soit il est à votre droite soit il ne l'est pas. Un événement ne peut pas avoir plus ou moins lieu à 7 h 30 : soit il a lieu à 7 h 30, soit il n'a pas lieu à 7 h 30.

Le caractère graduel est un aspect de la justification qui coïncide parfaitement avec la définition simple présentée ci-dessus (selon laquelle une croyance justifiée est une croyance telle qu'il y une raison de l'entretenir). Comme il est susceptible d'y avoir plus ou moins de raisons d'entretenir une croyance, il est naturel qu'une croyance puisse être plus ou moins justifiée. Entretenir une certaine croyance est plus justifié que de ne pas l'entretenir lorsqu'il y a plus de raisons d'entretenir cette croyance que de ne pas l'entretenir. Le fait qu'il soit *plus* justifié d'entretenir une certaine croyance que de ne pas l'entretenir n'empêche pas qu'il puisse y avoir une raison de ne pas l'entretenir. Les philosophes ont coutume de parler de justification *pro toto* et de justification *pro tanto*.

> Ne pas entretenir une croyance est justifié *pro tanto* s'il y a au moins une raison de ne pas entretenir cette croyance.

> Entretenir une croyance est justifié *pro toto* si entretenir cette croyance est l'attitude qu'il y a le *plus* de raisons d'adopter.

1. Dans la suite de cette présentation de la gradualité de la justification, nous nous contentons de parler des *croyances* plus ou moins justifiées. Tout ce que nous affirmons ci-dessous est néanmoins vrai *mutatis mutandis* des actions.

Par ailleurs, dans cette dernière formulation, le «plus» peut être interprété de manière quantitative ou qualitative. Autrement dit, une croyance justifiée *pro toto* est soit une croyance telle qu'elle est supportée par le plus grand *nombre* de raisons, soit une croyance telle qu'il y a une raison *prépondérante* de l'adopter, une raison qualitativement supérieure. Il est, par exemple, possible de considérer les raisons épistémiques de croire comme des raisons prépondérantes. Supposons qu'Émile, dans l'exemple du permis de conduire, ait une seule et unique raison épistémique de croire qu'il va échouer à son examen de conduite, aucune raison épistémique de penser qu'il va réussir mais de nombreuses raisons pratiques de croire qu'il va réussir. Si les raisons épistémiques sont prépondérantes au sens mentionné ici, l'attitude justifiée *pro toto* est celle qui consiste à croire qu'il va échouer, peu importe le nombre de raisons pratiques qu'il y a d'entretenir l'attitude contraire (celle qui consiste à croire qu'il va réussir).

FAILLIBILISME DE LA JUSTIFICATION

Selon la définition la justification épistémique mentionnée ci-dessus, une croyance épistémiquement justifiée est une croyance telle qu'il existe une raison épistémique de l'entretenir, c'est-à-dire quelque chose qui parle en faveur de la vérité de cette croyance. Par exemple, dans le cas du train, la croyance de Victoire que son train va entrer en gare est épistémiquement justifiée en vertu du fait qu'il existe une raison épistémique d'entretenir cette croyance. Lorsque l'on fait un usage ordinaire du terme « raison », le fait qu'il y ait une raison épistémique d'entretenir telle ou telle croyance n'implique pas que cette croyance soit vraie. Victoire a beau être justifiée à croire que son train va entrer en gare d'ici quelques minutes, tel ne sera pas forcément le cas (un retard, une alerte à la bombe, une panne sont toujours possibles). La même chose est vraie des raisons pratiques. Le fait qu'il y ait, pour Émile, une raison pratique de croire qu'il va conduire sans faire d'erreur – le fait que cela constitue le seul moyen de réussir à passer son permis – n'implique évidemment pas qu'Émile va forcément réussir à conduire sans faire d'erreur. Une croyance épistémiquement ou pratiquement justifiée n'est pas nécessairement une croyance qui atteint son objectif épistémique (la vérité de la croyance en question) ou pratique (la réussite de son examen de conduite). La justification est, en ce sens, une propriété *faillible*.

Entendons-nous bien sur la portée de la remarque ci-dessus. Dans certaines théories de la connaissance, la justification épistémique est considérée comme une propriété *infaillible* des croyances, comme une propriété telle que toute croyance justifiée est forcément vraie. Ce que nous affirmons ci-dessus ne constitue pas une objection à ces théories de la connaissance dès lors qu'il est admis que celles-ci font un usage *non ordinaire* du terme « justifié », c'est-à-dire un usage qui diffère de celui qui prévaut dans le langage courant. Mais – nous aimerions encore insister sur ce point –, si nous nous référons exclusivement à la signification ordinaire du terme « justifié », une croyance épistémiquement/pratiquement justifiée n'est pas forcément une croyance qui atteint ou réalise un objectif épistémique/pratique. Lorsqu'il y a une raison épistémique de croire que le train va entrer en gare, c'est-à-dire lorsque la croyance que le train va entrer en gare est épistémiquement justifiée, il est forcément le cas que cette croyance entretient une certaine relation avec la vérité (éventuellement celle d'être causée par un processus qui conduit généralement à entretenir des croyances vraies [1]), mais il n'est pas forcément le cas que la croyance que le train va entrer en gare est vraie. Avoir une raison de croire que quelque chose est le cas, selon la signification ordinaire du terme « raison », n'est pas avoir la certitude que cette chose est le cas.

JUSTIFICATION ET CONNAISSANCE : LA CARACTÉRISTIQUE COGNITIVE

Cette énumération des caractéristiques importantes de la justification serait indéniablement incomplète si elle ne mentionnait pas celle d'entre elles qui fait de la justification l'un des thèmes de discussion favoris des philosophes. Selon une définition souvent qualifiée de « traditionnelle » [2] de la connaissance, une croyance est une connaissance seulement si

---

1. C'est, par exemple, la conception qui prévaut dans le fiabilisme classique. Voir A. I. Goldman, « What Is Justified Belief ? », *Justification and Knowledge*, G. Pappas (ed.), Dordrecht, Reidel, 1979. Traduction : « Qu'est-ce qu'une croyance justifiée ? », *Philosophie de la connaissance*, J. Dutant et P. Engel (éd.), Paris, Vrin, 2005, p. 187-220. Pour une présentation et une critique du fiabilisme, voir R. Pouivet, *Qu'est-ce que croire ?, op. cit.*

2. Cette définition est qualifiée de « traditionnelle » dans la mesure où sa paternité est généralement attribuée à Platon (*Théétète*, 201a-210d) et où elle a été reprise, sous une forme ou une autre, par de nombreux philosophes principalement dans la seconde moitié du XXe siècle. La définition traditionnelle de la connaissance fait un usage *faillibiliste* du terme « justifié ». Autrement dit, selon la conception traditionnelle de la connaissance, une connaissance est une croyance justifiée et, qui plus est, vraie. Selon Dutant (voir J. Dutant, « Pourquoi le problème de Gettier est-il si important ? », *Klesis* 9, 2008, et J. Dutant, *Qu'est-ce que la connaissance ?*, Paris, Vrin, 2010), cette conception faillibiliste de la justification – et donc de la connaissance – n'est devenue la conception dominante que dans la seconde moitié du XXe siècle. Avant cela, de Descartes à Russell tout du moins, la conception qui prévalait était l'infaillibilisme, c'est-à-dire la conception selon laquelle une croyance qui satisfait la condition de justification est nécessairement vraie.

elle est vraie et *justifiée* [1]. Selon cette définition traditionnelle, la justification est une propriété dont l'exemplification est nécessaire à faire d'une simple croyance vraie une connaissance. Il s'agit bien entendu ici de la justification *épistémique*. L'idée de Platon, Russell, Chisholm, etc., est qu'une connaissance est une croyance vraie pour laquelle il existe, par ailleurs, des raisons de penser qu'elle est *vraie*. Une connaissance n'est pas, selon la définition traditionnelle, une croyance vraie telle qu'il existe des raisons de penser qu'elle *serve* les intérêts d'un individu ou d'un groupe d'individus. Nous baptiserons la caractéristique selon laquelle la justification épistémique est une propriété dont l'exemplification est nécessaire à faire d'une simple croyance vraie une connaissance : *la caractéristique cognitive de la justification*. Comme nous allons le mentionner ci-dessous, cette caractéristique est aujourd'hui contestée.

LA JUSTIFICATION DANS LES DISCUSSIONS PHILOSOPHIQUES

Deux remarques métathéoriques sont ici nécessaires. Nous disons « méta » car ces remarques ne concernent pas la nature de la justification elle-même, mais plutôt la nature et l'évolution du débat philosophique qui porte sur cette dernière.

---

1. L'un des problèmes majeurs de la philosophie de la connaissance – le problème de Gettier (voir E. Gettier, « Is Justified True Belief Knowledge ? », *Analysis*, 23/6, p. 121-123. Traduction : « Une croyance vraie et justifiée est-elle une connaissance ? », *Philosophie de la connaissance*, J. Dutant et P. Engel (éd.), *op. cit.*, p. 43-46) – réside dans le fait que la croyance, la vérité et la justification ne suffisent pas à définir la connaissance. Nous ne discutons pas cette difficulté dans cet ouvrage. Voir, par exemple, J. Dutant, *Qu'est-ce que la connaissance ?*, *op. cit.* ; P. Engel, *Va savoir,* Paris, Hermann, 2007, chap. premier ; R. Pouivet, *Qu'est-ce que croire ?*, *op. cit.*, pour une présentation générale du problème de Gettier et de ses solutions.

Nous avons mentionné en passant, lorsque nous avons présenté le caractère transcatégoriel, que les philosophes se sont principalement intéressés à la justification des croyances, omettant, pour la plupart, le fait que cette propriété est également susceptible d'être exemplifiée par les actions. La première remarque métathéorique explique cet aspect des discussions philosophiques traitant de la justification. C'est, sans aucun doute, la caractéristique cognitive de la justification qui est à l'origine de l'intérêt quasi exclusif des philosophes pour la justification des *croyances* au détriment de la justification des *actions*. Si les philosophes discutent de la justification, c'est, en effet, pour la plupart, parce qu'ils cherchent à en dire plus sur la connaissance et qu'ils pensent, par ailleurs, que la justification est la propriété qui distingue la simple croyance vraie de la connaissance (nous verrons ci-dessous que l'usage de l'imparfait pourrait sembler plus approprié ici). Autrement dit, si la plupart des philosophes s'intéressent à la justification, ce n'est pas pour « elle-même » mais pour le rôle qu'elle joue, selon la définition traditionnelle, dans l'analyse de la connaissance. Il n'est pas étonnant, dès lors, que le fait que la justification soit également susceptible d'être exemplifiée par des actions n'ait pas attiré leur attention. Le caractère transcatégoriel de la justification ne présente pas un intérêt évident lorsque l'objectif ultime est l'analyse de la connaissance.

La deuxième remarque métathéorique concerne le statut actuel de la caractéristique cognitive de la justification. La caractéristique cognitive de la justification est, de nos jours, contestée. C'est pour cela que l'usage du passé pourrait sembler plus approprié ci-dessus. Nombreux sont les philosophes de la connaissance qui défendent aujourd'hui l'idée, remise au goût du jour par Timothy Williamson, selon laquelle la connaissance n'est pas analysable ou pas définissable et qu'elle est, à l'inverse, ce qui analyse ou ce qui définit. La connaissance est un élément inanalysable susceptible d'entrer dans la définition de la justification, et non l'inverse [1].

---

1. Voir T. Williamson, *Knowledge and Its Limits*, Oxford, Oxford University Press, 2000, principalement chap. premier. Traduction du chapitre premier : «La connaissance est-elle un état d'esprit ?», *Philosophie de la connaissance*, J. Dutant et P. Engel (éd.), *op. cit.*, p. 259-303.

THÉORIES DE LA JUSTIFICATION ÉPISTÉMIQUE

Parmi les caractéristiques importantes de la justification, nous avons mentionné sa normativité. Nous avons également dit que la normativité de la justification avait comme conséquence que chaque croyance justifiée possède au moins deux propriétés :

> a. la propriété *normative* d'être justifiée ;

> b. la propriété *non normative* en vertu de laquelle elle est justifiée.

La question qui nous intéresse « qu'est-ce que la justification ? » peut en définitive être comprise de deux manières différentes. La première manière consiste à penser que cette question porte sur le niveau « supérieur »[1], sur l'identité de la justification « elle-même ». La seconde manière consiste à considérer cette question comme une question qui concerne les propriétés non normatives, les propriétés en vertu desquelles une croyance possède la propriété normative qu'est la justification. Affirmer, comme nous l'avons fait précédemment, qu'être justifié c'est être entretenu pour une raison et que la

---

1. Voir le schéma p. 21.

justification possède un caractère transcatégoriel, graduel, qu'elle est une propriété normative et faillible, présupposait que nous interprétions la question de la première de ces deux manières. En effet, affirmer tout cela c'est bel et bien tenter de décrire la justification elle-même. Néanmoins, l'immense majorité des travaux philosophiques consacrés à la justification comprend la question « qu'est-ce que la justification ? » de la seconde de ces deux manières. Autrement dit, la plupart des écrits philosophiques traitant de la justification cherchent à déterminer ce que sont les propriétés non normatives en vertu desquelles une croyance est justifiée. Dans les pages qui suivent, nous proposons une présentation systématique des diverses théories portant sur ces propriétés non normatives, c'est-à-dire des différentes *théories de la justification épistémique*. Mais, répétons-le une nouvelle fois, l'objectif des théories de la justification épistémique diffère de celui que nous avons poursuivi jusque là lorsque nous avons énuméré les caractéristiques de la justification. Les théories de la justification épistémique portent sur les propriétés en vertu desquelles une croyance est justifiée. Elles ne s'intéressent pas à la justification « elle-même ». Ces deux manières d'aborder la question « qu'est-ce que la justification ? » ne sont pourtant pas complètement déconnectées. Il est possible, comme nous le mentionnerons en passant, d'établir des relations intéressantes entre les caractéristiques de la justification énumérées précédemment (principalement sa normativité) et les théories de la justification épistémique que nous allons présenter maintenant.

INTERNALISME ET EXTERNALISME

Il existe une multitude de théories de la justification épistémique. Une ligne de démarcation très importante est celle qui distingue les théories *internalistes* des théories *externalistes* de la justification épistémique.

Théorie de l'accès et mentalisme

Au sein des théories dites « internalistes »[1] de la justification, les philosophes ont coutume de différencier les théories de l'accès et les théories mentalistes[2].

Les théories de l'accès et ses variantes

Une théorie de l'accès est une théorie de la justification épistémique selon laquelle il est nécessaire, pour que la croyance d'un individu soit justifiée, que celui-ci soit susceptible d'avoir *accès* aux choses qui justifient sa croyance[3]. Formulé différemment, il est nécessaire que celui-ci puisse avoir conscience de ces choses. Déterminer la nature précise de cette conscience dispositionnelle est une tâche ardue, et les

1. La signification de l'étiquette « internaliste » change d'un auteur à l'autre. C'est l'une des difficultés auxquelles est confronté celui qui souhaite faire la présentation des théories dites « internalistes » de la justification.

2. Voir E. Conee and R. Feldman, *Evidentialism. Essays in Epistemology*, Oxford, Oxford University Press, 2004, principalement l'essai 3 ; G. E. Pappas, « Internalist vs. Externalist Conceptions of Epistemic Justification », *The Stanford Encyclopedia of Philosophy*, E. N. Zalta (ed.), 2008 ; D. Pritchard, *Knowledge*, New York, Palgrave Macmillan, 2009.

3. Les partisans des théories de l'accès contemporains les plus célèbres sont probablement R. Chisholm et C. Ginet. Voir, principalement, R. Chisholm, *Theory of Knowledge*, 2ᵉ éd., New Jersey, Prentice Hall, Englewood Cliffs, 1977, et C. Ginet, *Knowledge, Perception and Memory,* Dordrecht, D. Reidel Publ. Co., 1975.

opinions des partisans des théories de l'accès divergent sur ce point. Il y a, en effet, plusieurs manières de faire varier les théories de l'accès qui correspondent à diverses manières de préciser ce en quoi cette conscience dispositionnelle consiste.

Une variante exigeante des théories de l'accès estime que la justification de la croyance d'un individu requiert que cet individu puisse avoir conscience :

> a. de *toutes* les choses qui contribuent à la justification de cette croyance ;

ainsi que :

> b. du fait que ces choses sont des éléments justificateurs.

Une variante moins exigeante des théories de l'accès estime que la justification de la croyance d'un individu requiert que cet individu puisse avoir conscience :

> a*. des choses qui contribuent *essentiellement* à la justification de cette croyance ;

sans nécessairement :

> b*. avoir conscience du fait que ces choses contribuent à la justification de cette croyance (comme il est possible d'avoir conscience du fait qu'il y a un arbre devant nous, sans avoir conscience du fait qu'il s'agisse d'un séquoia, il est possible d'avoir conscience des choses qui contribuent essentiellement à la justification de sa croyance sans avoir conscience du fait qu'il s'agit d'éléments justificateurs) [1].

---

1. Les variantes « intermédiaires » des théories de l'accès combinent, respectivement, la condition a à la condition b* et la condition a* à la condition b.

La seconde de ces deux variantes, c'est-à-dire la variante la moins exigeante, est la plus plausible dans la mesure où il semble que les énoncés a et b rendent les théories de l'accès trop restrictives. Par exemple, dans certaines circonstances pressantes, des circonstances dans lesquelles nous sommes contraints de nous faire une opinion très rapide d'une situation, nous acquérons des croyances en nous basant sur une multitude d'expériences perceptuelles concomitantes. Ces croyances sont justifiées. Pourtant, nous ne sommes pas forcément en mesure d'avoir conscience (même après coup) de *toutes* les expériences qui justifient cette croyance. L'énoncé b semble également trop restrictif. Les jeunes enfants acquièrent toutes sortes de croyances justifiées sur la base de leurs expériences perceptuelles, sur la base de ce qu'ils voient, entendent, etc. Pourtant, les jeunes enfants ne semblent pas posséder les outils conceptuels que requiert la possibilité d'avoir conscience du fait *que* telle ou telle expérience perceptuelle contribue à la justification de telle ou telle croyance, du fait que telle ou telle expérience perceptuelle est un élément justificateur.

Mais pourquoi finalement les philosophes ont-ils parfois considéré qu'une certaine forme *d'accès* conscient à ce qui justifie la croyance était nécessaire pour que celle-ci soit justifiée ? Il y a au moins deux réponses à cette question. Premièrement, il est possible d'expliquer l'émergence (d'une variante plutôt exigeante) des théories de l'accès en évoquant l'idée qu'une croyance n'est justifiée qu'à la condition que celui qui la possède soit en mesure de la *justifier*, c'est-à-dire de dresser la liste des choses qui contribuent à sa justification. À l'origine de la conviction selon laquelle il est nécessaire d'avoir conscience des choses qui contribuent à la justification de nos croyances, il y aurait donc l'idée qu'une croyance n'est justifiée qu'à la condition que celui qui la possède soit en mesure d'indiquer ce qui la justifie. Un individu n'a, évidemment, pas la capacité d'indiquer ce qui justifie sa croyance s'il n'est pas capable d'avoir conscience des choses qui la justifient. Néanmoins, l'idée qu'une croyance n'est justifiée qu'à la condition que celui qui la possède soit en mesure de la justifier est douteuse pour la raison que nous avons formulée juste ci-dessus. Les jeunes enfants ne sont pas en mesure de produire une telle justification alors qu'ils entretiennent certainement, au moins occasionnellement, des croyances justifiées. Une seconde explication intéressante de l'émergence des théories de l'accès s'appuie sur la relation d'implication que ces théories sont supposées entretenir avec la conception déontique de la justification. La conception déontique de la justification impliquerait – nous verrons que cela n'est en fait pas forcément le cas – une théorie de l'accès et c'est ce qui expliquerait l'intérêt des philosophes pour celles-ci. Nous discuterons ce point dans les détails dans le commentaire de la seconde partie.

Le mentalisme

En plus des théories de l'accès, l'autre théorie de la justification épistémique, généralement qualifiée de théorie internaliste, est le *mentalisme*. L'exigence essentielle des théories de l'accès est une exigence que nous sommes tentée de qualifier d'« épistémologique » dans la mesure où ces théories requièrent que nous ayons la capacité d'être conscients de l'existence de quelque chose. Par opposition, la thèse distinctive du mentalisme porte sur la *nature métaphysique* des choses qui contribuent à la justification de nos croyances. La thèse distinctive du mentalisme est la thèse selon laquelle la justification de la croyance d'un individu, à un moment donné, n'est pas déterminée par quoi que ce soit d'*externe à la vie mentale* de celui-ci.

La conséquence cruciale de la théorie mentaliste de la justification est la suivante :

> Si deux individus S et S^* ne diffèrent en rien sur le plan de leur vie mentale (par exemple, sur le plan de leurs croyances, jugements, intuitions, expériences perceptuelles, etc.), alors, nécessairement, ils ne différeront en rien sur le plan de ce qu'ils sont justifiés à croire [1].

Un des atouts de la théorie mentaliste de la justification réside dans le fait qu'elle est aisément capable de rendre compte de certains contrastes portant sur le degré de justification des croyances. Les deux exemples suivants permettent de voir cela.

L'amateur

> Émile est un amateur de pêche. Lors d'une réunion familiale, il se trouve, pour la première fois, assis à côté de son oncle

---

[1]. Le mentalisme est une théorie de la justification des croyances qui a principalement été défendue par E. Conee et R. Feldman (voir E. Conee and R. Feldman, *Evidentialism, op. cit.*). Le mentalisme de Conee et Feldman est une forme d'évidentialisme dans la mesure où les états mentaux internes dont dépend la justification de la croyance d'un individu (les croyances, jugements, expériences perceptuelles, etc., de cet individu) sont, pour Conee et Feldman, des *evidence*. Ce terme pose des difficultés de traduction bien connues (voir la remarque de J. Dutant et P. Engel à ce propos dans *Philosophie de la connaissance, op. cit.*, p. 31). Il désigne les données à disposition, les preuves, les bonnes raisons, etc., mais aucun de ces termes ne constitue une traduction qui s'adapte à tous les contextes dans lesquels le terme anglais « evidence » est employé. Nous traduirons, dès lors, le terme anglais *evidence* par le terme français « évidence » que nous mettrons entre guillemets pour alerter le lecteur de l'usage spécifique que nous faisons de ce dernier.

Georges qui lui indique, entre autres choses, que les rivières d'Alaska regorgent de saumons. L'oncle Georges est un grand spécialiste de la pêche aux saumons. Il est également d'une très grande probité. Mais Émile ne sait rien de tout cela puisqu'il vient de faire la connaissance de son oncle. Émile n'a donc aucune raison de penser que son oncle lui dit la vérité. N'empêche, Émile croit que les rivières d'Alaska regorgent de saumons et sa raison de le croire est qu'il a entendu son oncle Georges le lui dire.

L'amateur éclairé

Gustave est également un amateur de pêche. Gustave consulte régulièrement la presse spécialisée dans ce domaine. Il y a lu, à plusieurs reprises, que les rivières d'Alaska regorgent de saumons. Gustave (qui ne s'en laisse pas compter) a également mené une petite étude portant sur la crédibilité de la presse spécialisée dans ce domaine. À la suite de celle-ci, Gustave acquiert la conviction que la fiabilité de la presse spécialisée est excellente. Gustave croit que les rivières d'Alaska regorgent de saumons et sa raison de le croire est qu'il l'a lu à de nombreuses reprises dans des journaux spécialisés.

Émile est probablement justifié à croire les propos de son oncle Georges. Néanmoins, il semble que Gustave soit *plus* justifié qu'Émile à croire que les rivières d'Alaska regorgent de saumons. Or, ce qui essentiellement distingue la situation cognitive de Gustave de celle d'Émile est précisément que Gustave a « internalisé » une information supplémentaire : Gustave entretient la croyance que sa source d'information est fiable, alors qu'Émile n'entretient aucune croyance en ce qui concerne la crédibilité de sa source. Autrement dit, les deux exemples ci-dessus semblent montrer que le degré auquel la croyance d'un individu est justifiée est dépendant des informations que celui-ci a internalisées, c'est-à-dire des croyances, des expériences perceptuelles, etc. Cela est précisément la thèse essentielle du mentalisme.

Objection de la perte de mémoire

L'objection de la perte de mémoire est une objection qui touche toutes les variantes des théories de l'accès (et pas seulement la variante exigeante) ainsi que le mentalisme. Supposons que vous ayez appris le nom des capitales d'Amérique du Sud en feuilletant un vieux guide de voyage quand vous aviez 10 ans (au temps $t10$). Devenu adulte, vous avez complètement oublié l'existence de ce guide et rien ne vous permettrait de vous en souvenir. Mais vous n'avez pas oublié que Paramaribo est la capitale du Suriname et le croyez fermement au temps $t37$. La conséquence problématique de l'internalisme (théories de l'accès ou mentalisme), prétendent ceux qui s'y opposent, est que la croyance que Paramaribo est la capitale du Suriname, que vous entretenez en $t37$, n'est pas justifiée. En effet, si, en $t37$, vous n'avez plus le moindre souvenir de ce qui, originellement, justifiait votre croyance que Paramaribo est la capitale du Suriname, vous n'êtes, en $t37$, assurément :

> – ni susceptible d'avoir conscience de ce qui contribuait essentiellement à la justification de cette croyance (= violation de la condition des théories de l'accès) ;

> – ni êtes dans un état mental qui justifie cette croyance (= violation de la condition mentaliste).

Cette conséquence est bel et bien problématique dans la mesure où nous entretenons de nombreuses croyances sans être capables de nous remémorer ce qui contribuait essentiellement à leur justification et bon nombre de ces croyances sont justifiées. Par exemple, nous entretenons de nombreuses croyances à propos de notre environnement quand nous étions enfants sans être capables de nous souvenir précisément avoir fait, étant enfants, les expériences perceptuelles qui justifiaient ces croyances au moment de leur acquisition. Pourtant, les croyances que nous entretenons maintenant à propos de notre environnement quand nous étions enfants semblent, pour la plupart, parfaitement justifiées [1].

L'internalisation de la relation de justification

Contrairement à l'objection de la perte de mémoire, le problème que nous allons aborder maintenant concerne, en premier lieu, le mentalisme. Lorsque, ci-dessus, nous avons présenté la structure métaphysique de la justification, nous avons vu qu'un point commun à toutes les croyances justifiées est qu'elles sont justifiées en vertu d'une propriété relationnelle non normative (également baptisée « propriété justificatrice ») que ces croyances exemplifient et que cette propriété relationnelle non normative est elle-même, au minimum, constituée d'un élément justificateur et de la relation de justification que la croyance entretient avec l'élément justificateur. Affirmer, comme le fait le mentalisme, que la justification de

---

1. L'objection de la perte de mémoire est, entre autres, discutée par R. Audi dans « Memorial Justification », *Philosophical Topics* 23, 1995, p. 31-45, ainsi que par A. Goldman dans « Internalism Exposed », *Journal of Philosophy*, 96/6, 1999, p. 271-293. Une réponse que donnent occasionnellement les internalistes (voir E. Conee and R. Feldman, *Evidentialism, op. cit.*, chap. III) consiste à affirmer que certaines croyances qui portent sur notre environnement passé sont accompagnées du *sentiment* que nous pouvons nous y fier, et ce sentiment suffit à justifier ces croyances lorsque nous n'avons pas la capacité de nous remémorer l'état mental qui les justifiait originellement.

la croyance d'un individu, à un moment donné, ne dépend de rien d'externe à la vie mentale de celui-ci consiste à dire que la propriété relationnelle non normative en vertu de laquelle une croyance est justifiée n'est pas constituée par quoi que ce soit d'externe à la vie mentale. Autrement dit, ni l'élément justificateur ni la relation de justification ne sont des éléments externes à la vie mentale de l'individu, selon le mentalisme. Affirmer que l'élément justificateur est un élément interne à la vie mentale ne pose pas de difficulté immédiate. Il n'y a rien de directement problématique à affirmer que nos croyances sont justifiées en vertu de la relation que les premières entretiennent avec certains de nos états mentaux par exemple, avec d'autres croyances, des expériences perceptuelles, des jugements, etc. Par exemple, il n'y a rien de directement discutable à affirmer que la croyance d'Émile que les rivières d'Alaska regorgent de saumons est justifiée par l'expérience perceptuelle qui consiste à entendre son oncle Georges le lui dire. La thèse générale selon laquelle les éléments justificateurs sont des états mentaux (par exemple, des croyances ou des expériences perceptuelles) est une thèse qui est souvent défendue, même par des philosophes qui ne se réclament pas, par ailleurs, du mentalisme[1]. Mais affirmer, à l'instar du mentalisme, que la relation de justification elle-même est un élément interne à la

---

1. En épistémologie contemporaine, la thèse selon laquelle l'élément justificateur, dans le cas des croyances, est lui-même *une croyance* est souvent associée au nom de Donald Davidson. Voir, par exemple, D. Davidson, « A Coherence Theory of Truth and Knowledge », *Truth and Interpretation : Perspectives on the Philosophy of Donald Davidson*, E. LePore (ed.), Oxford, Blackwell, 1986. Pour l'idée que les éléments justificateurs sont des états mentaux mais pas forcément des croyances, parfois également des expériences perceptuelles, voir, par exemple, J. Pollock, *Contemporary Theories of Knowledge*, Totowa, Rowman and Littlefield, 1986.

vie mentale est problématique. En effet, les éléments justificateurs ont beau être des états mentaux, la relation de justification qui rattache ces états mentaux à la croyance qu'ils justifient est le plus souvent conçue comme une relation probabiliste. Plus concrètement, l'expérience perceptuelle consistant à avoir entendu son oncle Georges affirmer que les rivières d'Alaska regorgent de saumons participe à la justification de la croyance que tel est le cas dans la mesure où cette expérience perceptuelle entretient une relation probabiliste avec la croyance que tel est le cas. Or, ce type de relation probabiliste consiste bien en quelque chose d'externe à la vie mentale des individus, contrairement à ce que la thèse essentielle du mentalisme suppose. La relation probabiliste que la récente tempête de neige entretient avec le fait que le métro soit bondé, par exemple, est une relation « du monde », une relation que la neige entretient avec ce fait.

Brièvement, une manière de répondre à cette objection consiste à « internaliser » la relation probabiliste qui participe à la justification des croyances. Il est possible d'affirmer que ce n'est, en réalité, pas la relation probabiliste qui constitue, avec l'élément justificateur, une composante de la propriété justificatrice. C'est plutôt la *conscience* que cette croyance entretient une relation probabiliste avec un certain élément justificateur, la conscience en question constituant naturellement un état mental interne. Cette solution n'est pas recevable principalement parce qu'elle est trop intellectualisante. Avoir conscience de l'existence d'une relation probabiliste est un état mental complexe qui n'est pas à la portée de certains individus (par exemple, les jeunes enfants) qui semblent pourtant

entretenir, au moins occasionnellement, des croyances
justifiées [1].

Théories de l'accès vs. mentalisme : quelles différences ?

Il n'y a pas de doute que les théories de l'accès et le mentalisme ont un parfum commun. Mais comment ces deux types
de théorie sont-ils précisément reliés ? Une croyance justifiée
selon une théorie de l'accès est-elle nécessairement une
croyance justifiée selon le mentalisme ? Une croyance justifiée
selon le mentalisme est-elle nécessairement une croyance
justifiée selon une théorie de l'accès ? Si nous répondons par
l'affirmative à la première de ces deux questions, alors les
théories de l'accès impliquent le mentalisme. Si nous
répondons par l'affirmative à la seconde de ces deux questions,
alors le mentalisme implique une théorie de l'accès.

Procédons dans l'ordre et commençons par examiner
l'hypothèse selon laquelle les théories de l'accès impliquent le
mentalisme. La thèse distinctive du mentalisme est, nous
l'avons vu, la thèse selon laquelle la justification des croyances
n'est pas déterminée par quoi que ce soit d'externe à la vie
mentale des individus. Par conséquent, eu égard à toute
croyance justifiée, l'élément justificateur est, selon le mentalisme, un état mental, par exemple une croyance, une expérience perceptuelle, etc. Les théories de l'accès n'exigent
explicitement rien de tel. Elles requièrent uniquement que
l'élément justificateur soit tel que celui qui croit soit susceptible d'en avoir conscience. Il n'est donc pas, à première vue,

1. Pour une présentation plus détaillée des diverses objections qu'il est
possible d'adresser à l'internalisme, voir A. Goldman, « Internalism Exposed »,
op. cit. Pour plusieurs réponses envisageables à ces objections, voir E. Conee
and R. Feldman, *Evidentialism, op. cit.*

conceptuellement impossible d'associer les théories de l'accès
à la thèse métaphysique selon laquelle les éléments justificateurs ne sont *pas* des états mentaux mais des faits du monde.
Néanmoins, les partisans des partisans de l'accès ont au moins
trois raisons de préférer identifier les éléments justificateurs à
des états mentaux. Autrement dit, les théories de l'accès
n'impliquent pas le mentalisme mais certaines convictions
inhérentes à la plupart de ces théories aboutissent à l'identi-
fication des éléments justificateurs à des états mentaux.

La première raison pour laquelle de nombreux partisans
des théories de l'accès sont amenés à identifier les éléments
justificateurs à des états mentaux résulte de la manière dont ces
partisans conçoivent la conscience dispositionnelle. Cette
accessibilité est souvent qualifiée de « directe » ou « immédiate ». Carl Ginet estime, par exemple, que l'élément justificateur d'une croyance doit être *directement reconnaissable*
par l'individu qui croit pour que cette croyance soit justifiée.
Selon Ginet, l'élément justificateur doit être tel que si l'individu en question s'interroge sur l'existence de l'élément justificateur, il saura forcément qu'il existe [1]. Autrement dit, l'individu en question ne peut pas ignorer l'existence de l'élément
justificateur s'il considère la question de savoir s'il existe.
Mais quelle doit être la nature de l'élément justificateur pour
qu'une telle chose soit vraie ? La réponse de nombreux
partisans des théories de l'accès est que seuls nos propres états
mentaux sont tels que nous ne pouvons ignorer leur existence
si nous nous interrogeons à leur propos. Les éléments justificateurs sont, selon ces partisans, *de facto* des états mentaux

1. Voir C. Ginet, *Knowledge, Perception and Memory, op. cit.*, p. 32-33.

dans la mesure où seuls les états mentaux sont capables d'être immédiatement accessibles [1].

Nous venons de voir qu'une manière d'expliciter ce en quoi consiste la conscience dispositionnelle requise par les théories de l'accès est la suivante : posséder une conscience dispositionnelle des choses qui contribuent à la justification de sa croyance, c'est être capable de reconnaître ces choses comme existantes. Cette capacité constitue, dans les théories de l'accès, une composante supplémentaire de la propriété relationnelle non normative ou propriété justificatrice (la propriété en vertu de laquelle une croyance est justifiée, PRN) dans la mesure où la possession de cette capacité est nécessaire à la justification des croyances. Revenons-en maintenant à notre question préalable. Pour quelle autre raison les partisans des théories de l'accès identifient-ils les éléments justificateurs à des états mentaux ? La deuxième raison pour laquelle ils sont parfois conduits à les identifier résulte de la manière spécifique dont certains de ces partisans rendent compte de l'intrusion de cette capacité dans la propriété justificatrice. Une manière d'en rendre compte consiste à postuler que l'élément justificateur est capable de « s'autoreprésenter » (le schéma ci-dessous illustre cela). Une telle autoreprésentation – c'est le point important – n'est concevable qu'à la condition que l'élément justificateur soit un état mental (les faits du monde ne s'autoreprésentent pas). Autrement dit, la deuxième raison pour laquelle certains partisans des théories de l'accès [2] sont amenés à identifier les éléments justificateurs à des états

1. Pour une conclusion similaire, voir, par exemple, E. Conee and R. Feldman, *Evidentialism, op. cit.*, p. 55-56 ; D. Pritchard, *Knowledge, op. cit.*, p. 89.

2. Voir, par exemple, R. Chisholm, *Theory of Knowledge, op. cit.*

mentaux résulte du fait qu'ils rendent compte de la conscience dispositionnelle, au cœur de ces théories, en termes d'auto-représentation.

Croyance justifiée selon les théories de l'accès

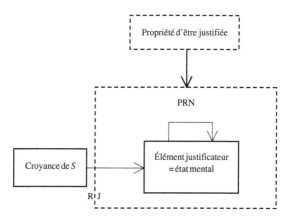

La troisième raison pour laquelle les partisans des théories de l'accès identifient le plus souvent les éléments justificateurs à des états mentaux est très probablement la suivante : ils sont convaincus qu'un individu peut être justifié à croire quelque chose tout en se trompant à propos de l'existence réelle de ce qui, selon lui, justifie sa croyance. Supposons que Paul croit que sa femme lui a offert une cravate marron. Quand on lui demande ce qui justifie cette croyance, il répond simplement : « Quand je place la cravate devant mes yeux, il y a du marron devant moi. » Imaginons maintenant que Paul souffre, à son insu, d'une légère forme de daltonisme qui fait qu'il perçoit comme marron ce qui, de fait, est lie-de-vin. Autrement dit, il n'est pas vrai qu'il y a du marron devant lui. En vérité, sa cravate est lie-de-vin. Supposons maintenant que Paul ne sait, et n'a absolument aucun moyen de savoir, qu'il est daltonien. Dans ces circonstances, Paul semble intuitivement justifié à croire que sa nouvelle cravate est marron. C'est une des intuitions importantes des partisans des théoriciens de l'accès et des défenseurs de l'internalisme, plus généralement. Or, si les éléments justificateurs étaient des faits, le genre de situations que nous venons de décrire – dans lesquelles un individu se trompe quant à ce qui, selon lui, justifie sa croyance tout en étant justifié à entretenir cette croyance – ne seraient pas réalisables. Évidemment, si les éléments justificateurs étaient des faits, ce type d'erreur impliquerait simplement qu'il n'y a pas d'éléments justificateurs et, par conséquent, que les croyances des individus qui font ce genre d'erreurs ne sont jamais justifiées. Pour que nous puissions nous tromper à propos de ce qui, selon nous, justifie notre croyance tout en étant justifiés à l'entretenir, il est naturellement nécessaire que les éléments justificateurs puissent a être le cas tout en étant b faux. Or seuls certains états mentaux (croyances, jugements, expériences perceptuelles, etc.) satisfont ces deux conditions. Par exemple, dans la situation de Paul, celui-ci entretient une croyance à propos de la couleur qui se trouve devant ses yeux mais cette croyance est fausse. En résumé, l'intuition internaliste selon laquelle nous pouvons nous tromper à propos de la chose qui justifie notre croyance et être néanmoins justifiés à entretenir cette croyance implique que les éléments justificateurs ne sont pas des faits mais des croyances, jugements, expériences perceptuelles, etc., autrement dit, des états mentaux susceptibles d'être vrais ou faux.

Théories de l'accès et disjonctivisme perceptif

Le disjonctivisme perceptif est la thèse selon laquelle la nature des expériences perceptuelles diffère selon qu'elles sont véridiques ou illusoires/hallucinatoires [1]. Brièvement dit, quand l'expérience perceptuelle d'un individu est véridique, cette expérience perceptuelle est constituée (au moins partiellement) par une entité externe à la vie mentale de cet individu. Quand l'expérience perceptuelle d'un individu est illusoire/hallucinatoire, cette expérience perceptuelle n'est pas constituée par quoi que ce soit d'externe à la vie mentale de cet individu. Par exemple, lorsqu'un individu perçoit *véridiquement* qu'il y a un vase rouge devant lui, son expérience perceptuelle est ontologiquement différente de l'expérience qu'il aurait s'il avait seulement l'illusion qu'il y a un vase rouge devant lui. Dans le premier cas, mais pas dans le second, le vase rouge fait partie de son expérience perceptuelle.

Nous avons ci-dessus énuméré trois raisons pour lesquelles les partisans des théories de l'accès identifient le plus souvent les éléments justificateurs à des états mentaux et font, du même coup, que les théories de l'accès impliquent le mentalisme. Parmi ces états mentaux, nous avons cité les croyances mais également les expériences perceptuelles. Il est, en effet, loin d'être certain qu'une croyance ne puisse être justifiée que par une autre croyance. Selon John Pollock, par exemple, la justification des croyances perceptuelles dépend directement des expériences perceptuelles des individus. Pour que ma croyance que le ciel est bleu soit justifiée, il n'est pas nécessaire que je possède une *croyance* à propos de mon

---

1. Voir, par exemple, J. Dokic, *Qu'est-ce que la perception ?*, Paris, Vrin, 2004.

expérience perceptuelle que le ciel est bleu, il suffit que je perçoive que le ciel est bleu. Mon expérience perceptuelle suffit à justifier cette croyance[1]. Si cela est vrai – si les éléments justificateurs consistent, au moins occasionnellement, en des expériences perceptuelles – et si nous acceptons, par ailleurs, le disjonctivisme perceptif, alors les éléments justificateurs ne sont pas toujours *purement* mentaux. Plus précisément, si nous adoptons le disjonctivisme chaque fois qu'une croyance est justifiée par une expérience perceptuelle *véridique*, l'élément justificateur (consistant dans l'expérience perceptuelle en question) ne sera pas purement mental. Cela nous conduit à distinguer des variantes *supplémentaires* des théories de l'accès. Le critère à l'œuvre ici est distinct de ceux qui ont présidé à la formulation, ci-dessus, des variantes plus ou moins exigeantes de ces théories[2]. Ce qui différencie ces deux variantes additionnelles, c'est la nature métaphysique des éléments justificateurs.

> Selon la variante des théories de l'accès *non disjonctiviste*, les éléments justificateurs (auxquels nous avons un accès dispositionnel lorsque nos croyances sont justifiées) sont toujours des entités purement internes à notre vie mentale. Cette variante implique le mentalisme.

> Selon la variante des théories de l'accès *disjonctiviste*, les éléments justificateurs (auxquels nous avons un accès dispositionnel lorsque nos croyances sont justifiées) ne sont pas toujours des entités purement internes à notre vie mentale. Ils ne consistent pas en des entités purement internes à notre

1. Voir J. Pollock, *Contemporary Theories of Knowledge*, *op. cit.*
2. Voir p. 40.

vie mentale lorsqu'il s'agit d'expériences perceptuelles véridiques [1]. Cette variante n'implique pas le mentalisme.

Nous avons jusqu'ici examiné la question de savoir si les théories de l'accès impliquent le mentalisme. Intéressons-nous maintenant à la relation inverse. Le mentalisme implique-t-il une théorie de l'accès ?

Les théories de l'accès exigent que l'individu soit capable d'avoir accès aux choses qui sont les éléments justificateurs de la croyance. Tel n'est pas, nous l'avons vu, un réquisit du mentalisme, lequel insiste plutôt sur le fait que les éléments justificateurs doivent être des états mentaux (croyances, jugements, expériences perceptuelles, intuitions). Mais l'exigence des théories de l'accès sera *de facto* satisfaite chaque fois que la condition mentaliste est remplie, s'il s'avère que les états mentaux responsables de la justification des croyances d'un individu, selon le mentalisme, sont forcément des états mentaux tels que cet individu est susceptible d'y avoir accès. Est-ce le cas ? Il est le plus souvent admis que les états mentaux dans lesquels nous nous trouvons ne sont pas toujours accessibles à notre conscience. Par exemple, certaines croyances –ce que les psychanalystes appellent parfois « les croyances refoulées » – sont telles que rien ne permettra à l'individu qui les entretient d'avoir conscience qu'il les entretient. Néanmoins, il n'est pas certain que la possession d'états mentaux inaccessibles de ce type soit suffisante à justifier les croyances que ces états mentaux causent. Supposons que Charles entretienne, de manière parfaitement inaccessible à sa conscience, la croyance qu'il souffre d'une forme légère de diabète

---

1. Pour une conclusion similaire, voir L. BonJour, « Externalism/internalism », *A Companion to Epistemology*, J. Dancy and E. Sosa (eds.), London, Blackwell, 1992, p. 132-136.

héréditaire et que cette croyance inconsciente cause, en Charles, la croyance parfaitement consciente cette fois-ci, que ses enfants souffriront très probablement d'une forme de diabète léger. Charles est-il justifié à croire cette seconde chose ? L'intuition nous dicte plutôt que non. La croyance que ses enfants souffriront très probablement d'une forme de diabète léger semble « tomber de nulle part » (si vous demandez à Charles pourquoi il croit que ses enfants souffriront d'une forme de diabète léger, il ne pourra, par exemple, pas vous répondre). Charles a beau entretenir inconsciemment la croyance vraie qu'il souffre lui-même d'une forme de diabète qu'il transmettra à ses enfants et cette croyance a beau être à l'origine de la croyance vraie que ses enfants souffriront très probablement d'une forme de diabète léger, le fait que Charles soit incapable d'avoir conscience qu'il entretient la première de ces deux croyances l'empêche, semble-t-il, d'être justifié à croire que ses enfants souffriront très probablement d'une forme de diabète léger.

En résumé, il est vrai que nous n'avons pas toujours un accès dispositionnel aux états mentaux dans lesquels nous sommes. Nous entretenons parfois des croyances sans être capables d'avoir conscience que nous les entretenons (comme c'est le cas pour les « croyances refoulées »). Mais cela ne permet évidemment pas d'établir l'indépendance du mentalisme vis-à-vis des théories de l'accès. Pour faire la preuve de cette indépendance, il faudrait encore montrer que la possession de ces états mentaux inconscients est suffisante à justifier les croyances que celle-ci induit. Or, tel n'est semble-t-il pas le cas. C'est la conclusion à laquelle aboutit l'exemple de Charles. La croyance inconsciente que Charles possède, à un certain moment, cause une autre croyance (la croyance que ses enfants souffriront très probablement d'une forme de diabète léger), mais le simple fait qu'il possède cette croyance inconsciente ne suffit pas toujours à justifier cette autre croyance. Pour que la croyance d'un individu soit justifiée, il semble, au moins dans certains cas [1], nécessaire que cet individu soit capable d'avoir conscience de l'état mental qui justifie cette croyance.

L'EXTERNALISME

Les théories externalistes de la justification sont des théories qui ont en commun de nier l'une ou l'autre des conditions nécessaires spécifiques à l'internalisme [2]. Autrement dit, l'externalisme peut être identifié à la théorie de la justification épistémique :

> selon laquelle il n'est pas nécessaire d'avoir une conscience dispositionnelle des choses qui contribuent à la justification d'une croyance pour que cette croyance soit justifiée (= externalisme restreint I dans le tableau ci-après) ;

ou

> selon laquelle il n'est pas nécessaire que l'élément justificateur d'une croyance soit un état mental (croyance,

---

1. L'objection de la perte de mémoire, présentée ci-dessus, montre que cela n'est pas toujours le cas.

2. D. M. Armstrong, *Belief, Truth and Knowledge*, Cambridge, Cambridge University Press, 1973 ; F. Dretske, *Knowledge and the Flow of Information*, Cambridge (MA), MIT Press, 1981 ; A. Goldman, « What Is Justified Belief ? », *op. cit.* ; R. Nozick, *Philosophical Explanations*, Cambridge (MA), Belknap Press, 1981 ; A. Plantinga, *Warrant and Proper Function*, Oxford, Oxford University Press, 1993 ; E. Sosa, *Apt Belief and Reflective Knowledge, op. cit.* ; T. Williamson, *Knowledge and Its Limits, op. cit.*, sont quelques-uns des défenseurs célèbres d'une théorie externaliste de la justification.

expérience perceptuelle, etc.) pour que cette croyance soit justifiée (= externalisme restreint II dans le tableau ci-après).

Le tableau suivant présente les caractéristiques importantes des diverses théories de la justification présentées ci-dessus.

L'élément justificateur :	est nécessairement tel que celui qui croit est en mesure d'en avoir conscience	n'est pas nécessairement tel que celui qui croit est en mesure d'en avoir conscience
est nécessairement interne à notre vie mentale	Théories de l'accès non disjonctivistes Ou internalisme pur	Externalisme restreint I
n'est pas nécessairement interne à notre vie mentale	Théories de l'accès disjonctivistes Ou externalisme restreint II	Externalisme classique (par exemple : fiabilisme, théorie des vertus, etc.)

Vu sous un angle plus positif, la caractéristique essentielle de l'externalisme est qu'il suffit à la croyance d'un individu d'entretenir une relation de justification avec un élément justificateur externe à la vie mentale de cet individu pour que cette croyance soit justifiée.

Croyance justifiée selon l'externalisme classique

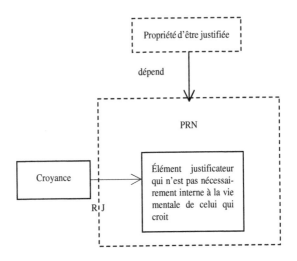

La nature de la relation de justification et celle de l'élément justificateur varient selon les théories externalistes. Le fiabilisme est une des théories externalistes les plus connues[1]. Selon une version simple du fiabilisme, une croyance justifiée est une croyance qui entretient une relation causale avec un processus (pas forcément mental) fiable, c'est-à-dire un processus qui cause, en général, des croyances vraies. Dans le fiabilisme, la relation de justification est une relation causale et l'élément justificateur, un processus fiable. Par exemple, une

---

1. La paternité du fiabilisme est généralement attribuée à A. Goldman, « What Is Justified Belief ? », *op. cit.* Voir D. M. Armstrong, *Belief, Truth and Knowledge*, *op. cit.*, pour une théorie externaliste ressemblante.

croyance basée sur la lecture d'un thermomètre (en bon état) est, selon le fiabilisme, justifiée dans la mesure où le processus qui l'a causée – la lecture d'un thermomètre en bon état – est un processus fiable. Une autre théorie externaliste célèbre de la justification est la théorie des vertus[1] selon laquelle une croyance n'est justifiée qu'à la condition qu'elle ait été produite de manière épistémiquement vertueuse. Dans la théorie externaliste des vertus[2], les vertus sont identifiées à des compétences cognitives (compétences perceptives, déductives, mémorielles, etc.). Autrement dit, selon cette théorie externaliste de la justification, une croyance justifiée est une croyance qui est produite non pas par n'importe quel processus fiable, mais par l'exercice d'une de nos compétences cognitives. Dans la théorie des vertus, la relation de justification est causale et l'élément justificateur est une compétence cognitive.

Malin génie et clairvoyance : objections à l'externalisme

Le « nouveau problème du malin génie » et les cas de clairvoyance sont deux objections importantes auxquelles sont confrontés le fiabilisme et la théorie des vertus[3].

---

1. Ernest Sosa (voir E. Sosa, *Apt Belief and Reflective Knowledge*, *op. cit.*) est l'un des défenseurs les plus célèbres de la théorie externaliste des vertus.

2. Il existe également une théorie *internaliste* des vertus. Voir, par exemple, L. Zagzebski, *Virtues of the Mind : An Inquiry into the Nature of Virtue and the Ethical Foundations of Knowledge*, Cambridge, Cambridge University Press, 1996.

3. La paternité du « nouveau problème du malin génie » est généralement attribuée à Stewart Cohen and Keith Lehrer. Voir S. Cohen and K. Lehrer, « Justification, Truth, and Coherence », *Synthese* 55, p. 191-207. Les cas de clairvoyance ont été originellement formulés pas BonJour. Voir L. BonJour, « Externalist Theories of Empirical Knowledge », *Midwest Studies in*

Le «nouveau problème du malin génie» est une expérience de pensée qui tend à montrer que la condition *nécessaire* à la justification, selon le fiabilisme et la théorie des vertus, est incorrecte. Imaginez deux sujets baptisés respectivement «Mme Normale» et «Mme Manipulée». Mme Normale entretient un certain nombre de croyances qu'elle a acquises de manière parfaitement régulière, c'est-à-dire, entre autres, en exerçant sa capacité à inférer, en observant l'environnement qui l'entoure, etc. Toutes les croyances de Mme Normale sont ainsi justifiées selon l'externalisme. Quant à Mme Manipulée, elle entretient exactement les mêmes croyances que Mme Normale pour ce qui lui *apparaît* comme étant exactement les mêmes raisons. Mme Manipulée a, comme Mme Normale, l'*impression* que ses croyances sont les résultats de ses propres inférences, de certaines expériences perceptuelles qu'elle fait, etc. Par exemple, Mme Manipulée, comme Mme Normale, croit que les cerisiers sont en fleurs et, comme elle, elle a l'impression que cette croyance lui vient de ce qu'elle a visuellement perçu. Mais, en vérité, toutes les croyances de Mme Manipulée, de même que les impressions qui les accompagnent, ont été induites en elle par un malin génie. Mme Manipulée est-elle néanmoins justifiée à croire que les cerisiers sont en fleurs ? Il est difficile de le nier. Rien ne distingue, en effet, Mme Manipulée de Mme Normale sur le plan de ce que la première est en droit de croire. Elles ont toutes deux exactement les mêmes impressions. Pourtant, selon le fiabilisme et la théorie des vertus, les croyances de Mme Manipulée ne sont

Philosophy 5, P. French, T. Ueling, H. K. Wettstein (eds.), 1980, p. 53-73. Traduction : «Les théories externalistes de la connaissance empirique », J. Dutant et P. Engel, *Philosophie de la connaissance, op. cit.*, p. 221-258.

pas justifiées puisqu'elles ne résultent ni d'un processus fiable, ni de l'exercice d'une compétence cognitive, mais de la manipulation trompeuse d'un malin génie. C'est – conclut l'objection – une conséquence inacceptable de ces deux théories. Mme Normale et Mme Manipulée sont toutes deux justifiées à croire ce qu'elles croient et toute théorie de la justification épistémique aboutissant à la conclusion contraire doit être rejetée.

Les cas de clairvoyance sont des exemples élaborés dans l'objectif de montrer que la satisfaction de la condition fiabiliste, de même que la satisfaction de la condition mise en avant par la théorie des vertus, n'est pas *suffisante* à faire d'une croyance une croyance justifiée. L'exemple classique le plus problématique pour ces deux théories externalistes implique un sujet appelé Maude. Maude croit qu'elle possède un pouvoir de clairvoyance fiable, en dépit de toutes les raisons de penser le contraire. Ses amis, collègues, médecins ne cessent d'essayer de la convaincre que ni elle ni personne ne possède de pouvoir de clairvoyance. Maude n'a que faire de ce point de vue et croit, sur la base du pouvoir de clairvoyance qu'elle s'attribue, que le président français est à New York. Or le président français est bien à New York. Qui plus est – et c'est là le point crucial pour notre propos ici – Maude est bel et bien dotée d'un pouvoir de clairvoyance fiable et sa croyance que le président français est à New York résulte de l'exercice de ce pouvoir. Maude est-elle pourtant justifiée à croire que le président français est à New York ? Non, répond l'objection. Maude n'a aucune raison de penser qu'elle possède ce pouvoir et il est totalement injustifié de croire quelque chose sur la base d'un pouvoir cognitif tout en négligeant toutes les raisons de penser que l'on ne possède pas ce pouvoir. Le problème du fiabiliste et du partisan de la théorie des vertus est qu'ils donnent une réponse qui ne respecte pas cette intuition. Dans la mesure où le processus qui a conduit à l'adoption de la croyance que le président français est à New York est, de fait, un processus fiable et une compétence cognitive, le fiabilisme et la théorie des vertus aboutissent à la conclusion contre-intuitive selon laquelle Maude est justifiée à croire que le président français est à New York.

LE TRILEMME D'AGRIPPA, FONDATIONNALISME ET COHÉRENTISME

Ci-dessus, nous avons mentionné deux difficultés – l'objection de la perte de mémoire et le problème de l'internalisation de la relation de justification – auxquelles les théories internalistes sont confrontées. Un problème encore plus important est une objection sceptique (c'est-à-dire, un raisonnement qui nous force à admettre que nous ne savons rien ou très peu de chose) bien connue : le « trilemme d'Agrippa » [1].

Nous avons dit que la justification est une propriété qu'une croyance possède en vertu du fait qu'elle exemplifie une propriété relationnelle non normative et que cette propriété relationnelle non normative est toujours, minimalement, constituée d'une relation de justification et d'un élément justificateur. Nous avons également vu que l'une des conséquences

1. Voir Sextus Empiricus, *Esquisses pyrrhonniennes*, trad. fr. P. Pellegrin, Paris, Seuil, 1997, p. 164-177. Le problème est attribué au philosophe Agrippa (fin du Ier siècle ap. J.-C.) par Diogène Laërce. En plus du trilemme problématique ci-dessus, il existe plusieurs autres types d'arguments sceptiques. À ce propos, voir, par exemple, P. Engel, *Va savoir, op. cit.,* chap. II ; R. Pouivet, *Philosophie contemporaine,* Paris, P.U.F., 2008, p. 164-172 et C. Tiercelin, *Le doute en question*, Paris, Éditions de l'Éclat, 2005.

métaphysiques (plus ou moins évidentes) des théories internalistes de la justification est que les éléments justificateurs sont
des états mentaux (croyances, expériences perceptuelles, etc.).

Le trilemme d'Agrippa est le résultat de la constatation que
ces croyances, expériences perceptuelles, etc., doivent elles-
mêmes entretenir une relation de justification avec un autre
élément justificateur pour être des éléments justificateurs.
Autrement dit, l'affirmation sur laquelle prend appui le
trilemme d'Agrippa est la suivante :

> Il est nécessaire, pour qu'une croyance soit justifiée, que les
> états mentaux qui la justifient (les croyances, expériences
> perceptuelles, etc.) soient eux-mêmes justifiés.

Cette affirmation conduit à un *regressus*. Si la justification
d'une croyance C dépend de la justification d'au moins un état
mental EM3 (croyance, expérience perceptuelle, etc.) qui est
son élément justificateur, la justification de EM3 dépendra
également de la justification d'un autre état mental (croyance,
expérience perceptuelle, etc.) EM2 dont la justification
dépendra également de celle d'un autre état mental EM1, et
ainsi de suite, sans qu'on puisse, semble-t-il, y mettre un terme
autre qu'arbitraire. Plus précisément, il y a trois manières (d'où
le trilemme) de concevoir la structure justificative que présup-
pose toute croyance justifiée selon l'internalisme.

> Première option. Nous ne mettons pas de terme au *regressus*
> susmentionné. Nous sommes alors confrontés à une
> régression à l'infini. Aucun fondement ne garantit que les
> états mentaux (croyances, expériences perceptuelles, etc.)
> qui constituent la structure justificative soient justifiés ;

> Deuxième option. Nous mettons un terme au *regressus* en
> question. Certains états mentaux justifiés (croyances, expé-
> riences perceptuelles, etc.) ne sont pas justifiés par d'autres

états mentaux (croyances, expériences perceptuelles, etc.) justifiés. Cela constitue une forme à première vue problématique d'arrêt dogmatique ;

Troisième option. Nous concevons la structure justificative comme un réseau d'états mentaux (croyances, expériences perceptuelles, etc.) justifiés, sans fondement, dans lequel tous les états mentaux justifiés (croyances, expériences perceptuelles, etc.) sont justifiés les uns par les autres. Nous avons alors affaire à une forme à première vue problématique de circularité.

Aucune des trois manières de concevoir la structure justificative n'est, *a priori*, acceptable. Si une croyance n'est justifiée qu'à la condition qu'elle entretienne une relation de justification avec un état mental (croyance, expérience perceptuelle, etc.) qui est lui-même justifié, alors il semble impossible de rendre compte, de manière non problématique, de ce qui finalement justifie cette croyance. Il y a donc des raisons de douter qu'il y ait des croyances justifiées et, dès lors, que nous puissions savoir quoi que ce soit [1]. Comment échapper à cette conclusion ? Une première manière de s'y soustraire pourrait consister à nier l'affirmation cruciale dont elle dépend, c'est-à-dire l'affirmation selon laquelle l'élément justificateur d'une croyance justifiée (croyance, expérience perceptuelle, etc.) doit être lui-même *justifié*. Malheureusement, cette stratégie est vouée à l'échec dans la mesure où l'affirmation en question est intuitivement très bien établie. Un nouvel exemple aide à saisir cela.

---

1. Selon la conception traditionnelle de la connaissance mentionnée ci-dessus, une croyance n'est une connaissance que si elle est, entre autres, justifiée.

La mésange charbonnière

> En accompagnant sa fille à l'école un après-midi d'hiver, Arthur aperçoit un oiseau fouiller la neige pour y trouver de quoi picorer. Arthur croit (C2) qu'il s'agit d'une mésange charbonnière. Arthur infère qu'il s'agit là d'une mésange charbonnière de sa croyance (C1) que les mésanges charbonnières sont les seuls oiseaux à chercher de la nourriture en hiver puisque les autres oiseaux se contentent de jeûner. Quant à cette autre croyance (C1), elle lui a été transmise, un soir, par un vieil ami connu pour ses histoires abracadabrantes. Lors de la même discussion, l'ami en question avait également affirmé à Arthur que les licornes ont été exterminées par les Romains.

Supposons qu'il s'agisse bien d'une mésange charbonnière. Arthur est-il par ailleurs justifié à le croire ? La réponse que notre intuition nous incite clairement à donner est que tel n'est pas le cas. Ce que nous reprochons à la croyance d'Arthur (C2) est qu'elle est mal fondée. La croyance C1 (la croyance que les mésanges charbonnières sont les seuls oiseaux à chercher de la nourriture en hiver) dont Arthur infère la croyance C2 (la croyance qu'il s'agit là d'une mésange charbonnière) n'est pas seulement fausse, elle est clairement injustifiée. Arthur n'est pas justifié à croire que seules les mésanges charbonnières cherchent de la nourriture en hiver compte tenu de ce qu'il sait, par ailleurs, du caractère de son ami et du contexte de discussion dans laquelle il a acquis C1. Ce que l'exemple de la mésange charbonnière illustre est qu'il ne suffit pas à un individu d'entretenir une certaine croyance C1 telle qu'il peut en inférer une croyance C2 pour être justifié à entretenir la croyance C2. Il est également nécessaire que cet individu soit justifié à entretenir C1. L'affirmation, cruciale pour la formulation du trilemme d'Agrippa, selon laquelle l'élément justificateur ne doit pas seulement consister en un état mental (croyance, expérience perceptuelle, etc.) mais en un état mental (croyance, expérience perceptuelle, etc.) lui-même *justifié* est intuitivement correcte.

Nier cette affirmation ne constitue pas la seule manière de se soustraire à la conclusion sceptique selon laquelle nous ne savons rien puisque aucune croyance n'est jamais justifiée. Une seconde manière d'esquiver ce problème consiste à s'accommoder de l'une des trois options du trilemme en montrant qu'elle est finalement acceptable. Ceci nous conduit à présenter une nouvelle distinction importante entre théories de la justification épistémique, une distinction *orthogonale* à la distinction, discutée en détail ci-dessus, entre théories internalistes et externalistes. Il est courant de distinguer les théories de la justification épistémique qui *a* prennent le parti de la seconde des trois options du trilemme de *b* celles qui s'accommodent de la troisième option. Les premières sont traditionnellement baptisées « théories fondationnalistes de la justification », les secondes « théories cohérentistes de la justification ».

Le fondationnalisme et le cohérentisme sont deux théories de la justification qui diffèrent quant à la manière dont elles conçoivent la structure justificative. Le fondationnalisme conçoit la structure de la justification à la façon d'une pyramide[1]. La plupart des croyances justifiées que nous entretenons (C5 à C8 dans le schéma ci-dessous) se trouvent au

---

1. Le fondationnalisme est une thèse plus largement répandue que le cohérentisme. Son plus célèbre représentant est certainement Descartes, le *cogito* constituant la base justificative de toutes nos autres croyances. Dans la philosophie contemporaine, le fondationnalisme a été, entre autres, défendu par Roderick Chisholm. Voir principalement R. Chisholm, *Theory of Knowledge*, *op. cit.*, 1977.

sommet d'une pyramide de croyances justifiées et tirent leur justification de la relation de justification qu'elles entretiennent avec les croyances justifiées qui se trouvent en dessous d'elles. Certaines croyances justifiées (C1 à C4 dans le schéma ci-dessous) se trouvent à la base de la pyramide et ne peuvent, dès lors, tirer leur propre justification des croyances qui les supportent. Ces croyances, souvent baptisées « croyances basiques » ou « de base », sont justifiées par elles-mêmes. Il y a, dès lors, selon le fondationnalisme, deux manières pour les croyances d'être justifiées. La plupart des croyances sont justifiées en vertu de la relation de justification qu'elles entretiennent avec *d'autres* croyances justifiées. Mais certaines croyances, celles qui se trouvent à la base de la pyramide, s'autojustifient. Une difficulté majeure, pour le fondationnalisme, consiste à déterminer quelles sont les croyances de base. Il y a deux contraintes. Tout d'abord, les croyances de base doivent être telles qu'elles semblent, en effet, s'autojustifier. Ensuite, les croyances de base doivent être telles qu'elles soient capables de justifier la *totalité* des autres croyances justifiées que nous sommes susceptibles d'entretenir. Dans la philosophie contemporaine, les croyances de base ont le plus souvent été identifiées à des croyances qui portent sur nos propres états mentaux, c'est-à-dire des croyances telles que ma croyance que je ressens un chatouillement au niveau de mon poignet droit, ma croyance que j'ai l'impression visuelle qu'il y a quelque chose de rouge devant moi lorsque je perçois une fleur rouge. Ces croyances de base servent à justifier une multitude d'autres croyances non basiques comme la croyance qu'il y a bien quelque chose qui chatouille mon poignet droit ou la croyance qu'il y a quelque chose de rouge devant moi.

À la différence du fondationnalisme, le cohérentisme est une réaction au trilemme d'Agrippa qui prend le parti de défendre la troisième des trois options présentées ci-dessus [1]. Le cohérentisme conçoit la structure de la justification entre croyances à la manière d'un réseau de croyances sans fondement, qui flotte [2] de manière indépendante. Selon le cohérentisme, les croyances se justifient les unes les autres, à la manière du second schéma ci-dessous. Ce genre de circularité est, à première vue, inacceptable. En général, lorsque nous rendons compte, par exemple, de la bonté d'une action en nous appuyant sur la bonté de ses conséquences, nous ne pouvons expliquer la bonté des conséquences en faisant appel à la bonté de l'action qui les a produites. La principale difficulté à laquelle se confronte le cohérentisme est, dès lors, d'expliquer comment une croyance justifiée (par exemple C2*) peut justifier une autre croyance (C3*), bien que cette dernière joue également un rôle dans la justification de C2* (*via* C6* et C1*).

1. Voir, par exemple, L. BonJour, *The Structure of Empirical Knowledge*, Cambridge (Mass.), Harvard University Press, 1985 ; K. Lehrer, *Theory of Knowledge*, 1re éd., Boulder, Westview Press, 1990. L. BonJour est, depuis lors, devenu un défenseur du fondationnalisme. Voir L. BonJour and E. Sosa, *Epistemic justification : Internalism vs. Externalism, Foundations vs. Virtues*, London, Wiley-Blackwell, 2003. Pour une présentation générale du cohérentisme, voir E. Olsson, « Coherentist Theories of Epistemic Justification », *The Stanford Encyclopedia of Philosophy*, E.N. Zalta (ed.), 2014.

2. L'image du radeau est régulièrement utilisée pour référer à la structure cohérentiste par opposition à la structure pyramidale du fondationnalisme. Voir E. Sosa, « The Raft and the Pyramid : Coherence versus Foundations in the Theory of Knowledge », *Midwest Studies in Philosophy,* 5/1, p. 3-26. Traduction : « Le radeau et la pyramide », J. Dutant et P. Engel, *Philosophie de la connaissance*, p. 143-178.

Fondationnalisme   Cohérentisme

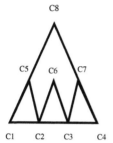 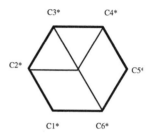

TEXTES ET COMMENTAIRES

TEXTE 1

W. K. CLIFFORD
L'éthique de la croyance *
Le devoir d'enquêter

Un armateur était sur le point d'envoyer en mer un navire d'émigrés. Il savait que celui-ci était vieux et qu'il n'avait pas été très bien conçu au départ ; qu'il avait traversé bien des mers et bien des climats et qu'il avait souvent nécessité des réparations. Des doutes que l'embarcation n'était pas en état de naviguer lui étaient venus à l'esprit. Ce soupçon préoccupait son esprit et rendait l'armateur mécontent ; ce dernier pensait que, peut-être, il avait à sa charge de faire examiner et réparer le navire, même si cela devait le conduire à de grosses dépenses. Avant que le navire n'ait quitté le port, néanmoins, l'armateur réussit à se débarrasser de ses considérations déprimantes. Il se dit à lui-même que son navire avait déjà réussi à accomplir tant de trajets et avait traversé tant de tempêtes qu'il serait stérile de supposer qu'il ne réchapperait pas à ce voyage également. Il mettrait sa confiance dans la Providence qui ne manquerait certainement pas de protéger toutes ces familles malheureuses qui quittaient leurs terres natales pour trouver

* W. K. Clifford, *The Ethics of Belief and Other Essays*, New York, Prometheus Books, 1999, p. 70-77.

des temps meilleurs, ailleurs. Il écarterait de ses pensées toutes les suspicions les moins charitables à l'égard de ceux qui avaient construit le navire et de ceux qui l'avaient fourni. De cette manière, il acquit la conviction sincère et commode selon laquelle son vaisseau était véritablement sûr et capable de naviguer ; il assista à son départ le cœur léger et plein de vœux bienveillants en ce qui concerne le succès de ces émigrés dans leur nouveau foyer à venir, quand le navire en question sombra au milieu de l'océan, l'armateur toucha sa couverture d'assurance sans faire d'histoire.

Que pouvons-nous dire de lui ? Sûrement cela, qu'il était véritablement coupable de la mort de ces hommes. Il est admis qu'il était sincèrement convaincu de la bonne condition de son navire mais la sincérité de sa conviction n'est pas du tout en mesure de l'aider, parce qu'il n'était pas en droit de croire sur la base des « évidences » [1] qu'il avait devant lui. Il a acquis sa croyance non pas en la gagnant patiemment, grâce une enquête minutieuse, mais en comprimant ses doutes. Et même si en fin de compte il s'est senti tellement sûr de son opinion qu'il ne pouvait pas penser différemment, dans la mesure où il s'est consciemment et volontairement forgé cet état d'esprit, il doit être tenu pour responsable de ce dernier.

Modifions légèrement le cas, et supposons que l'état du navire n'était pas défectueux, que celui-ci a accompli ce trajet, et de nombreux autres après lui, sans encombre. Cela diminuera-t-il la culpabilité de l'armateur ? Pas le moins du monde. Une fois une action accomplie, elle est correcte ou incorrecte [right or wrong] [2] pour toujours, aucune absence accidentelle

---

1. Rappelons qu'il s'agit là de la traduction du terme anglais *evidence* que nous privilégions dans ce livre, *cf.* note p. 43.

2. Nous préférons les termes « correct » et « incorrect » aux termes « juste » et « injuste » pour éviter d'induire l'impression erronée que l'évaluation des

de ces bons ou mauvais résultats ne peut changer cela. L'homme n'aurait pas été innocent, sa culpabilité n'aurait simplement pas été découverte. La question de la correction ou de l'incorrection [the question of right and wrong] concerne l'origine de la croyance, non son contenu, non ce qu'elle était, mais comment il l'a acquise ; non si elle s'est révélée vraie ou fausse mais s'il était en droit de croire sur la base des « évidences » qu'il avait devant lui…

[Clifford présente ensuite un second exemple dans lequel des individus ne sont pas en droit de croire ce qu'ils croient compte tenu des « évidences » qu'ils ont devant eux.]

p. 72. Il pourrait, cependant, être rétorqué que dans ces deux cas supposés ce n'est pas la croyance qui est incorrecte [wrong] mais l'action qui en découle. L'armateur pourrait affirmer : « Je suis parfaitement convaincu que mon navire est en bon état, reste que je considère qu'il est de mon devoir de le faire examiner, avant de lui confier la vie de tant de gens. »… Admettons, pour commencer, que cette approche est, jusque-là, correcte [right] et nécessaire ; correcte [right] parce que même lorsque la croyance d'un homme est tellement déterminée qu'il ne peut penser différemment, il conserve le choix en ce qui concerne l'action que cette croyance lui suggère d'accomplir et ne peut, dès lors, échapper au devoir d'enquêter en s'appuyant sur la force de ses convictions ; nécessaire parce que ceux qui ne sont pas capables de contrôler leurs sentiments et leurs pensées doivent avoir une règle claire qui porte sur les actes manifestes.

Mais même si nous supposons que cela est nécessaire, il devient clair que cela n'est pas suffisant et que notre affirmation préalable est requise à titre de complément. Il n'est en

croyances à laquelle procède Clifford entretient une relation quelconque avec ce que la Justice nous enjoindrait de croire.

effet pas possible d'opérer une distinction entre la croyance et l'action que cette croyance suggère qui soit telle que nous condamnions l'une sans condamner l'autre. Aucun homme qui maintient une croyance robuste à propos d'une réponse à une question, ou qui souhaite entretenir une telle croyance, ne peut interroger cette croyance avec l'impartialité et le désir d'exhaustivité dont il ferait preuve s'il en doutait vraiment et n'était pas biaisé ; ainsi l'existence d'une croyance qui n'est pas fondée sur une enquête équitable rend l'homme incapable de remplir son devoir nécessaire.

Lorsqu'un état mental n'a pas la moindre influence sur les actions de celui qui le possède, cet état n'est pas vraiment une croyance. Celui qui croit sincèrement quelque chose de tel qu'il est encouragé à accomplir une certaine action considère déjà l'action qu'il désire accomplir. Il s'est déjà engagé à l'accomplir dans son cœur. Si la croyance ne se réalise pas immédiatement dans des actions manifestes, elle est conservée pour la conduite du futur. Elle fait alors partie de cet ensemble de croyances qui constitue la relation entre sensation et action à tout moment de nos vies, qui est organisé et rendu tellement compact qu'aucun élément de cet ensemble ne peut être isolé du reste, et tel que n'importe quelle addition modifie la structure du tout. Aucune croyance authentique, aussi triviale et incohérente qu'elle puisse paraître, n'est jamais vraiment insignifiante ; elle nous prépare à recevoir plus de ses semblables, confirme celles qui lui ressemblaient avant, et en affaiblit d'autres ; ainsi petit à petit, elle instille discrètement une ligne de pensées qui est un jour susceptible de se manifester dans des actions externes et marque notre caractère pour toujours.

Par ailleurs, la croyance d'un homme n'est jamais une affaire privée qui n'a d'importance que pour lui seul. Nos vies sont guidées par cette conception générale du déroulement des choses qui a été établie par la société dans des buts sociaux. Nos mots, nos phrases, nos formes, processus et modes de pensée, constituent une propriété commune, formée et perfectionnée d'âge en âge ; un héritage que chaque génération qui se succède hérite comme un dépôt précieux et une propriété [trust] sacrée à transmettre à la génération qui suit, non inchangée mais élargie et purifiée, dotée des marques claires de leur propre travail. Dans cet ensemble, pour le meilleur ou pour le pire, est incluse chaque croyance de chaque homme qui communique avec les autres. C'est un terrible privilège et une terrible responsabilité, celui d'aider à créer le monde dans lequel la prospérité subsistera.

Dans les deux cas supposés qui ont été examinés, il a été jugé incorrect [wrong] de croire quelque chose sur la base « d'évidences » insuffisantes, ou de maintenir une croyance en supprimant des doutes ou en évitant d'enquêter. La raison de ce jugement n'est pas à chercher bien loin : elle est que, dans ces deux cas, la croyance entretenue par un homme était importante pour d'autres hommes. Mais dans la mesure où aucune croyance entretenue par un homme, quelle que soit la trivialité apparente de cette croyance, et quelle que soit la confusion de celui qui croit, n'est jamais insignifiante ou sans effet sur le destin de l'humanité, nous n'avons pas d'autre choix que d'étendre ce jugement à tous les cas de croyances quels qu'ils soient... En résumé, il est toujours incorrect [wrong], partout, et pour tout le monde, de croire quoi que ce soit en se basant sur des « évidences » insuffisantes.

COMMENTAIRE

La leçon principale que Clifford souhaite donner à son lecteur est la suivante :

> Il est, pour un individu S, toujours incorrect de croire que p si les « évidences » que S possède sont insuffisantes.

C'est « le principe de Clifford »[1]. Comment le principe de Clifford est-il relié à la question qui nous intéresse principalement : « Qu'est-ce que la justification ? » Clifford n'utilise jamais les termes « justifié » ou « justification ». Mais il est tout à fait naturel de voir, dans le principe de Clifford, l'énoncé d'une condition nécessaire à la justification des croyances des individus. Autrement dit, pour que la croyance de S que p soit *justifiée*, il est, selon Clifford, nécessaire que S ait suffisamment « d'évidences » de penser que p est vrai.

---

1. Voir R. Pouivet, *Qu'est-ce que croire ?*, *op. cit.*, p. 10-12. De manière générale, le commentaire du texte de Clifford prolonge les considérations contenues dans les pages 10-16 de ce livre.

CLIFFORD ET LA NORMATIVITÉ DE LA JUSTIFICATION

Dans les pages précédentes, nous avons affirmé, entre autres choses, que la justification est une propriété normative. Ce que nous n'avons pas précisé, en revanche, c'est qu'il y a plusieurs façons pour une propriété d'être une propriété normative et, donc, plusieurs manières pour la propriété d'être justifiée d'être une propriété normative. Une propriété normative peut être :

    a. une propriété déontique comme l'est, par exemple, la propriété d'être obligatoire, interdit, permis, etc., c'est-à-dire la propriété qu'une entité possède en vertu du fait qu'elle satisfait (ou ne satisfait pas) une norme, une règle, un principe ;

    b. une propriété évaluative comme l'est, par exemple, la propriété d'être beau, laid, élégant, dégoûtant, etc., c'est-à-dire une propriété qu'une entité possède en vertu du fait qu'elle possède (ou ne possède pas) une certaine valeur ;

    c. une propriété arétique comme l'est, par exemple, la propriété d'être courageux, sage, avare, malhonnête, etc., c'est-à-dire une propriété qu'une entité possède en vertu du fait qu'elle résulte d'une vertu ou d'un vice [1].

La propriété d'être justifiée, en tant que propriété normative, est donc soit une propriété déontique, soit une propriété évaluative, soit une propriété arétique. Une des caractéristiques distinctives de la conception cliffordienne de la justification est qu'elle considère que la justification est une propriété *déontique* [2]. Comme l'indique le sous-titre de l'extrait ci-dessus, il y a, selon Clifford, un devoir d'enquêter.

---

1. Voir K. Mulligan, « Values », *op. cit.*
2. Voir une fois de plus R. Pouivet, *Qu'est-ce que croire ?*, *op. cit.*, p. 12.

Ce devoir doit être rempli préalablement à l'adoption d'une croyance ou à son maintien et incombe à chacun d'entre nous. C'est parce qu'il ne remplit pas son devoir d'enquêter que les « évidences » dont dispose l'armateur sont *insuffisantes* et que ce dernier est injustifié à croire que son navire est en état de faire cette traversée. Fondamentalement, c'est la non-satis-faction de ce devoir qui fait que l'armateur est coupable, qu'il n'est pas en *droit*, qu'il n'est pas justifié à croire ce qu'il croit. Selon la conception cliffordienne de la justification, être justifié à croire que *p* c'est avoir rempli un certain *devoir*, celui de vérifier si *p* est vrai en enquêtant. Clifford ne conçoit pas la justification simplement comme une bonne chose (c'est-à-dire comme une propriété évaluative). Entretenir des croyances justifiées, c'est, selon lui, remplir une certaine obligation. La conception cliffordienne de la justification est indéniablement déontique.

Clifford et l'évidentialisme

Un label couramment attribué à la conception cliffor-dienne de la justification est celui d'*évidentialisme*. L'évi-dentialisme est la thèse selon laquelle :

> La justification de la croyance d'un individu, à un moment donné *t*, dépend uniquement des « évidences » dont dispose cet individu en *t*.

Dans la mesure où Clifford fait explicitement dépendre la justification de la croyance de l'armateur des « évidences » (insuffisantes) qu'il a devant lui, l'attribution du label susmen-tionné semble parfaitement appropriée. Toutefois, il est important de préciser qu'au moins trois aspects de l'éviden-tialisme cliffordien le différencient de l'évidentialisme

contemporain [1]. Premièrement, il n'est pas clair que l'évidentialisme contemporain soit, contrairement à l'évidentialisme
cliffordien, une théorie *déontique* de la justification. Comme
nous le verrons lorsque nous discuterons le texte de William
Alston, la conception déontique de la justification est, à
première vue, problématique dans la mesure où elle suppose
que nous sommes capables d'exercer une forme de contrôle sur
nos croyances. L'évidentialisme contemporain a tout intérêt à
éviter cette difficulté. Il est vrai que les évidentialistes contemporains affirment parfois que les croyances *doivent* correspondre aux « évidences ». Mais, il est possible d'employer
l'expression « ceci doit être le cas » pour signifier quelque
chose d'autre que « il est obligatoire que ceci soit le cas ». Par
exemple, lorsque nous affirmons « si c'est une varicelle, la
fièvre *doit* baisser d'ici quelques jours », nous ne voulons pas
dire que la fièvre a l'obligation de baisser au même titre que
nous avons l'obligation de nous arrêter quand le feu est rouge.
C'est probablement une signification du terme « devoir »
proche de celle qui est à l'œuvre dans la phrase « si c'est une
varicelle, la fièvre *doit* baisser d'ici quelques jours » que les
évidentialistes contemporains ont en tête lorsqu'ils affirment
que les croyances *doivent* correspondre aux « évidences ».
Deuxièmement, dans l'évidentialisme contemporain, la justification des croyances d'un individu dépend des « évidences »
actuelles. Dans l'évidentialisme cliffordien, la justification des
croyances d'un individu dépend des « évidences » contrefactuelles. Les termes « actuelles » et « contrefactuelles » ont
une signification technique particulière. Les « évidences »
actuelles sont les évidences qu'un individu possède à un

---

1. Les défenseurs contemporains de l'évidentialisme les plus célèbres sont
probablement Earl Conee et Richard Feldman. Voir E. Conee and R. Feldman,
Evidentialism, op. cit.

moment donné. Les « évidences » contrefactuelles sont les « évidences » qu'un individu posséderait *s'il avait enquêté*. Selon l'évidentialisme contemporain, peu importe les « évidences » non actuelles, c'est-à-dire les « évidences » que nous *aurions eues* à notre disposition, à un moment donné, si nous avions enquêté. La justification de la croyance d'un individu, à un moment donné, dépend, selon l'évidentialisme contemporain, uniquement de la conformité de cette croyance à l'ensemble des « évidences » *actuellement* à la disposition de cet individu. Par exemple, la croyance de l'armateur est, selon l'évidentialisme contemporain, *justifiée* dans la mesure où elle correspond aux « évidences » actuelles que l'armateur possède au moment où son navire lève les voiles. Le fait que l'armateur ait ignoré ses doutes et ait refusé d'enquêter ne joue aucun rôle. L'évidentialisme contemporain se distingue en cela très nettement de la conception cliffordienne de la justification. Troisièmement, l'évidentialisme contemporain est une théorie qui nous indique les conditions dans lesquelles une croyance est *épistémiquement* justifiée. L'évidentialisme contemporain ne nous dit rien de la justification *non épistémique*, c'est-à-dire des conditions dans lesquelles une croyance est moralement ou pratiquement justifiée. Comme nous allons l'expliquer en détail maintenant, l'évidentialisme cliffordien est, au contraire et contrairement aux apparences, une théorie qui porte sur la justification *non épistémique* des croyances.

CLIFFORD ET LA SPÉCIFICITÉ MULTIPLE DE LA JUSTIFICATION

Nous avons dit qu'il existe *apparemment* – la possibilité qu'il s'agisse seulement d'une apparence est précisément ce que nous discutons ci-dessous – plusieurs manières pour une croyance d'être justifiée. Une croyance peut être épistémiquement et/ou moralement et/ou pratiquement justifiée. Nous avons également vu que :

> a. une croyance *épistémiquement* justifiée est une croyance telle qu'il y a une raison *épistémique* d'entretenir cette croyance, c'est-à-dire une chose qui parle en faveur de la correction épistémique de cette croyance (= sa vérité, selon l'hypothèse que nous faisons dans cet ouvrage) ;

> b. une croyance *pratiquement* justifiée est une croyance telle qu'il y a une raison *pratique* d'entretenir cette croyance, c'est-à-dire une chose qui parle en faveur de la correction pratique de cette croyance ;

> c. une croyance *moralement* justifiée est une croyance telle qu'il y a une raison *morale* d'entretenir cette croyance, c'est-à-dire une chose qui parle en faveur de la correction morale de cette croyance.

Pour simplifier notre propos ci-dessous, nous rassemblerons la justification pratique et la justification morale dans une seule « superespèce » que nous baptiserons « justification non épistémique ». Autrement dit :

> d. une croyance *non épistémiquement* justifiée est une croyance telle qu'il y a une raison *non épistémique* (morale ou pratique) d'entretenir cette croyance, c'est-à-dire une chose qui parle en faveur de la correction non épistémique (morale ou pratique) de cette croyance.

Une question que nous avons explicitement laissée de côté précédemment est celle de la relation entre la justification épistémique et la justification non épistémique. S'agit-il de deux espèces de justification indépendantes, réductibles ou identiques ?

La « thèse indépendantiste » est la thèse selon laquelle la justification épistémique et la justification non épistémique sont deux espèces de justification indépendantes. Plus précisément, la thèse indépendantiste est vraie s'il existe :

> a. au moins un cas dans lequel une seule et même croyance est épistémiquement justifiée mais n'est pas non épistémiquement justifiée *et* ;

> b. au moins un cas dans lequel une seule et même croyance n'est pas épistémiquement justifiée mais est non épistémiquement justifiée (comme c'est le cas dans le permis de conduire et le dossier de candidature).

Il est parfaitement compatible avec la thèse indépendantiste que, dans la plupart des cas (mais pas tous), les croyances épistémiquement justifiées soient également non épistémiquement justifiées ou que, dans la plupart des cas (mais pas tous), les croyances non épistémiquement justifiées soient également épistémiquement justifiées. Autrement dit, la thèse indépendantiste est compatible non seulement avec la première (exclusion), mais aussi avec la seconde (chevauchement partiel) des deux manières suivantes de concevoir la relation entre l'ensemble des croyances non épistémiquement justifiées et l'ensemble des croyances épistémiquement justifiées.

Thèse indépendantiste

Exclusion

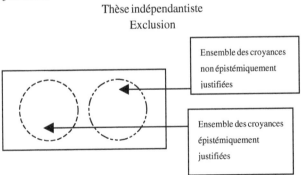

Aucune croyance épistémiquement justifiée est également une croyance non épistémiquement justifiée. Aucune croyance non épistémiquement justifiée est également une croyance épistémiquement justifiée. Les deux espèces de justification s'excluent l'une l'autre [1].

Thèse indépendantiste
Chevauchement partiel

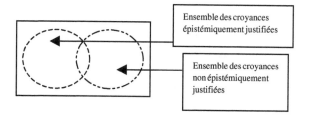

Quelques croyances épistémiquement justifiées sont également non épistémiquement justifiées, mais certaines ne le sont pas. Quelques croyances non épistémiquement justifiées sont épistémiquement justifiées, mais certaines ne le sont pas.

Une manière efficace et simple de défendre la thèse indépendantiste consiste à présenter des exemples –tels que les exemples du permis de conduire et le dossier de candidature présentés ci-dessus – dans lesquels la croyance d'un individu est non épistémiquement justifiée tout en étant épistémiquement injustifiée et dans lesquels la croyance d'un

1. La première manière de concevoir la relation d'indépendance entre la justification épistémique et la justification non épistémique n'est pas plausible dans la mesure où il y a bel et bien des croyances qui sont, tout à la fois, épistémiquement et non épistémiquement justifiées.

individu est épistémiquement justifiée tout en étant non épistémiquement injustifiée [1]. De manière analogue, si vous trouvez
un ours grizzli qui ne présente pas les caractéristiques essentielles d'un ours brun et un ours brun qui ne présente pas les
caractéristiques essentielles d'un grizzli, alors vous aurez la
preuve que l'espèce des grizzli et l'espèce des ours bruns sont
finalement des espèces distinctes d'ursidés.

Malgré le support intuitif que lui fournissent les exemples
dans lesquels la justification épistémique et la justification non
épistémique semblent diverger, la thèse indépendantiste ne
remporte pas l'unanimité. Comme nous le verrons plus en
détail ci-dessous, Clifford est précisément un défenseur de la
thèse contraire, celle que nous baptiserons « thèse réductionniste », selon laquelle la justification épistémique et la justification non épistémique ne sont pas des espèces indépendantes.

Il y a trois manières (illustrées dans les trois schémas ci-
dessous) de concevoir la relation entre l'ensemble des
croyances épistémiquement justifiées et l'ensemble des
croyances non épistémiquement justifiées qui sont compa-
tibles avec la thèse réductionniste.

---

1. Dans l'exemple du permis de conduire (voir p. 24), la croyance, entretenue par Émile, qu'il est capable de réussir son permis de conduire semble tout
à la fois pratiquement (non épistémiquement) justifiée et épistémiquement
injustifiée. Un cas « contraire », un cas dans lequel la croyance d'un individu
serait tout à la fois épistémiquement justifiée et non épistémiquement injustifiée, serait, par exemple, un cas dans lequel la croyance très probablement
vraie d'un individu menace son équilibre psychologique ou sa relation avec ses
proches.

Thèse réductionniste
Inclusion épistémique

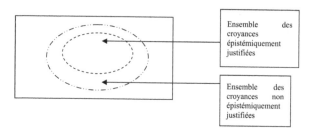

L'ensemble des croyances épistémiquement justifiées est inclus dans l'ensemble des croyances non épistémiquement justifiées. Toutes les croyances épistémiquement justifiées sont des croyances non épistémiquement justifiées, mais certaines croyances non épistémiquement justifiées ne sont pas des croyances épistémiquement justifiées.

Thèse réductionniste
Inclusion non épistémique

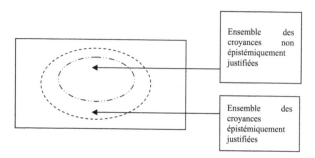

L'ensemble des croyances non épistémiquement justifiées est inclus dans l'ensemble des croyances épistémiquement justifiées. Toutes les croyances non épistémiquement justifiées sont des croyances épistémiquement justifiées, mais certaines croyances épistémiquement justifiées ne sont pas des croyances non épistémiquement justifiées.

Thèse réductionniste
Identité

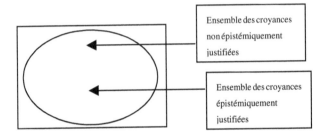

L'ensemble des croyances épistémiquement justifiées est identique à l'ensemble des croyances non épistémiquement justifiées. Toutes les croyances épistémiquement justifiées sont des croyances non épistémiquement justifiées et inversement.

Clifford et la thèse réductionniste

Nous avons dit qu'une manière simple de défendre la thèse indépendantiste consiste à concevoir des exemples dans lesquels les deux espèces de justification semblent intuitivement diverger. La tâche initiale des partisans de la thèse réductionniste consiste plutôt à expliquer pourquoi l'une ou l'autre des trois affirmations suivantes est correcte :

a. la justification épistémique se réduit (ou est, *de facto*, identique) à une sous-espèce de justification non épistémique (inclusion épistémique) ;

b. la justification non épistémique se réduit (ou est, *de facto*, identique) à une sous-espèce de justification non épistémique (inclusion non épistémique) ;

c. la justification épistémique est, *de facto*, identique à la justification non épistémique (identité).

Comme nous l'avons mentionné en passant, nous pensons que Clifford est un partisan de la thèse réductionniste. L'extrait de texte ci-dessus l'indique relativement clairement. Une grande partie de cet extrait poursuit l'objectif suivant : faire la preuve qu'une croyance fondée sur des « évidences » insuffisantes, et donc injustifiée, a *toujours* des conséquences néfastes. Tout d'abord, précise Clifford, lorsque nous croyons quelque chose, par exemple que les haricots sont de puissants allergènes, nous perdons du même coup une partie de l'aptitude consistant à s'interroger sur la vérité de cette croyance, à enquêter sérieusement sur la capacité réelle des haricots à provoquer des réactions allergiques. Nous sommes biaisés par ce que nous croyons déjà. Ainsi la probabilité que nous arrivions à corriger la croyance que nous entretenons est faible. Ensuite – c'est l'allégation la plus importante pour notre propos ainsi que celle sur laquelle Clifford insiste le plus –, même lorsque les croyances injustifiées, c'est-à-dire les croyances basées sur des « évidences » insuffisantes, n'ont pas de conséquences néfastes *immédiates*, elles ont toujours des conséquences néfastes *sur le long terme*. C'est le cas, selon Clifford, d'une part, parce que les croyances injustifiées vont avoir une influence sur les croyances que nous allons adopter par la suite (elles nous conduiront à en adopter certaines et à refuser d'en adopter d'autres). D'autre part, parce que nous transmettrons inévitablement ces croyances injustifiées à d'autres et serons ainsi responsables de la péjoration de l'ensemble des croyances entretenues par nos congénères.

Quelle que soit la qualité des arguments avancés par Clifford pour prouver que les croyances injustifiées ont toujours des conséquences néfastes, le fait même qu'il s'escrime à faire cette démonstration suffit à faire la preuve de son ambition réductionniste. Ce que ce raisonnement rend évident est que la raison pour laquelle il est, selon Clifford, ultimement incorrect [wrong] d'entretenir des croyances basées sur des « évidences » insuffisantes est une raison *non épistémique*. Ou, pour le dire autrement dit, la considération en vertu de laquelle une croyance basée sur des « évidences » insuffisantes est une croyance incorrecte est une considération purement *non épistémique*. En effet, comme nous venons de le voir, ce qui fait qu'une croyance basée sur des « évidences » insuffisantes est incorrecte [wrong], ce sont les conséquences néfastes qu'une telle croyance a *toujours* pour le reste de l'humanité. Or les conséquences néfastes d'une croyance constituent bel et bien une raison *non épistémique* de ne pas l'entretenir. Il ne s'agit pas d'une raison *épistémique* dans la mesure où les conséquences néfastes d'une croyance n'ont rien à voir avec la vérité de celle-ci, avec sa correction épisté-mique. Une croyance peut être vraie et avoir des conséquences néfastes. Toutes les vérités ne sont pas non épistémiquement bonnes à croire.

Clifford réduit donc :

> a. la justification épistémique, c'est-à-dire l'espèce de justification selon laquelle les croyances justifiées sont des croyances telles qu'il y a quelque chose qui parle en faveur de leur vérité (de leur correction épistémique) ;

à la

> b. justification non épistémique, c'est-à-dire à l'espèce de justification selon laquelle les croyances justifiées sont des croyances telles qu'il y a quelque chose qui parle en faveur de leur correction non épistémique.

La raison ultime pour laquelle il ne faut pas, selon Clifford, entretenir des croyances lorsque les « évidences » sont insuffisantes est qu'il est *non épistémiquement* incorrect de le faire (en vertu des conséquences néfastes que de telles croyances induisent). C'est ainsi que s'exprime le réductionnisme de Clifford. Comme nous l'avons mentionné en passant, cette conclusion distingue nettement l'évidentialisme cliffordien de l'évidentialisme contemporain. Selon ce dernier, en effet, il n'y a rien de *non épistémiquement* incorrect à entretenir des croyances qui ne soient pas basées sur des « évidences ». Selon l'évidentialisme contemporain, de telles croyances sont *épistémiquement* incorrectes.

Le conséquentialisme de Clifford

Comme les considérations ci-dessus le laissent transparaître, Clifford est un *conséquentialiste*. Brièvement, le conséquentialisme est la théorie morale selon laquelle la valeur, justesse, correction, etc., d'une action ne dépend pas de cette action elle-même mais de ses conséquences. De manière analogue, ce sont les conséquences néfastes des croyances insuffisamment fondées sur les « évidences » qui en font, selon Clifford, des croyances incorrectes. Le conséquentialisme de Clifford échappe parfois à l'attention des commentateurs pour la raison que celui-ci donne précisément l'impression de s'en défendre lorsqu'il affirme :

> Il pourrait, cependant, être rétorqué que dans ces deux cas supposés ce n'est pas la croyance qui est incorrecte [wrong]

mais l'action qui en découle… Mais même si nous supposons que cela est nécessaire, il devient clair que cela n'est pas suffisant et que notre affirmation préalable est requise à titre de complément.

Néanmoins, la bonne manière d'interpréter ce passage n'est pas d'y voir un rejet de la thèse conséquentialiste selon laquelle les croyances fondées sur des « évidences » insuffisantes sont incorrectes en vertu de ce qu'elles causent. Clifford n'est pas ici en train de défendre une thèse opposée, par exemple, la thèse selon laquelle il est intrinsèquement incorrect d'entretenir une croyance fondée sur des « évidences » insuffisantes. Ce que Clifford veut dire ici est que les conséquences *particulières* de telle ou telle croyance injustifiée ne comptent pas. Comme il l'indique lui-même, même si la croyance de l'armateur n'avait pas conduit à la mort des immigrés, même si elle n'avait pas eu cette conséquence particulière, elle aurait été incorrecte. Mais la raison pour laquelle elle l'aurait été quoi qu'il en soit est toujours d'obédience conséquentialiste. Elle l'aurait été quoi qu'il en soit car toutes les croyances fondées sur des « évidences » insuffisantes ont, selon Clifford, des conséquences néfastes à long terme.

En résumé, la conception cliffordienne de la justification présente quatre caractéristiques importantes.

1. C'est un *évidentialisme* dans la mesure où la justification des croyances des individus dépend des « évidences ».

2. C'est une conception *déontique* dans la mesure où entretenir des croyances sur la base d' « évidences » suffisantes est un *devoir*.

3. C'est une conception *réductionniste* dans la mesure où la raison pour laquelle il est interdit d'entretenir des croyances sur la base d' « évidences » insuffisantes est une raison non épistémique.

4. C'est une conception *conséquentialiste* dans la mesure où la raison pour laquelle il est interdit d'entretenir des croyances sur la base d'« évidences » insuffisantes consiste dans les conséquences néfastes qu'induisent toutes les croyances entretenues sur cette base.

CLIFFORD *VERSUS* JAMES ?

Dans un essai intitulé « La volonté de croire », William James s'oppose directement à la conception cliffordienne de la justification. Selon James, en effet, il est, au moins occasionnellement, correct, pour un individu, d'adopter une croyance lorsque les « évidences » à sa disposition sont insuffisantes [1]. Le principe de Clifford, au contraire, *exclut* qu'il y ait des croyances qui soient tout à la fois correctes et basées sur des évidences insuffisantes. Mais cela n'est qu'un point de détail en comparaison d'une autre considération plus importante à propos de laquelle Clifford et James s'entendent en fait parfaitement. Clifford et James sont tous deux des réductionnistes. Ils considèrent tous deux que la raison fondamentale pour laquelle il est – toujours selon Clifford, le plus souvent selon James – incorrect d'entretenir des croyances sur la base de données insuffisantes est *non épistémique*. La raison fondamentale est qu'entretenir des croyances sur la base de données insuffisantes a – toujours ou le plus souvent – des conséquences néfastes. James est bien connu pour son

1. Voir W. James, « The Will to Believe », *The Will to Believe and Other Essays in Popular Philosophy*, New York/London, Longmans Green and Co, p. 1-31. Le titre de l'essai peut induire en erreur. L'essai de James n'est pas consacré à la question de savoir si les croyances peuvent être induites à volonté, comme son titre pourrait nous le faire croire. L'essai est consacré aux conditions qui doivent être satisfaites pour que nous soyons en droit de croire, c'est-à-dire, à l'instar de l'essai de Clifford, aux conditions de justification.

« pragmatisme » ou, pour le dire dans les termes que nous privilégions dans cet ouvrage, pour l'importance qu'il accorde « aux raisons non épistémiques » de croire. Mais le fait que Clifford soit « tout aussi pragmatiste » que James échappe parfois aux commentateurs. Ce qui oppose Clifford à James, ce n'est pas l'importance que le premier octroierait, contrairement au second, à la vérité, à la correction épistémique. La ligne de démarcation entre leurs deux positions se situe à un niveau plus superficiel. Ce qui distingue Clifford de James, c'est simplement que le premier pense que les croyances basées sur des évidences insuffisantes ont *toujours* des conséquences néfastes (au moins à long terme) pour le reste l'humanité, alors que le second ne pense pas que ce soit toujours le cas.

TEXTE 2

W. ALSTON
La conception déontique de la justification, p. 115-118 [*]
La conception déontique

La manière la plus naturelle de comprendre les termes
«justifié», «justification» et les membres de cette même
famille est celle que nous pourrions appeler la manière «déontique», c'est-à-dire celle qui estime qu'ils ont affaire avec
l'obligation [obligation], la permission [permission], l'exigence [requirement], le blâme et ainsi de suite. Nous pouvons
concevoir *l'exigence* [requirement], *l'interdiction* [prohi-
bition] et la *permission* [permission] comme les termes
déontiques de base, *l'obligation* [obligation] et *le devoir* [duty]
comme des espèces d'*exigence* [requirement], *la responsabilité, la propriété d'être blâmable* [blameworthiness], *le
reproche, la propriété d'être louable* [praiseworthiness], *le
mérite, l'innocence*, comme des conséquences normatives du
fait qu'un agent se trouve dans une situation où quelque chose
est exigé [required], interdit [prohibited] ou permis
[permitted]. Plus précisément, lorsque nous considérons la
justification des actions, qui est une chose que nous

[*] W. Alston, « The Deontological Conception of Epistemic Justification »,
Epistemic Justification. Essays in the Theory of Knowledge, Ithaca/London,
Cornell University Press, 1989, p.115-118.

appréhendons mieux que la justification des croyances, il est
évident qu'être justifié à *faire* quelque chose consiste dans le
fait, pour cette action, de ne violer aucune règle, directive, loi,
obligation, devoir ou instruction pertinente, c'est-à-dire une de
celles qui régit les actions de cette sorte. Être justifié à faire
quelque chose consiste dans le fait, pour cette action, d'être
permise par le système de principes pertinents[1]. Dire d'une
action qu'elle était justifiée n'implique pas qu'elle était
requise ou obligatoire, seulement que sa négation n'était pas
requise ou obligatoire. Cela reste vrai peu importe que nous
pensions à la justification morale, légale, institutionnelle ou
prudentielle de la justification. Dire qu'Herman était (moralement) justifié en refusant de sacrifier le temps qu'il voulait
consacrer à l'écriture de son livre pour participer à une marche
de la paix, c'est dire que les principes moraux pertinents
n'exigent pas qu'il aille à cette marche ; ce n'est pas dire qu'il
est obligé de respecter son projet initial de travailler sur son
livre, bien que cela puisse être également vrai. De la même
manière, dire que Joan était légalement justifiée à quitter son
état, c'est dire que son action ne contrevient à aucune loi ; ce
n'est pas dire qu'une loi requerrait qu'elle le fasse. Finalement,
considérez le fait que je sois justifié à faire valider mon cours

1. Robert Audi a suggéré que lorsque *j'accomplis A de manière justifiée*
[for me to *have justifiably done A*], il est nécessaire que je l'aie accompli *parce
que* cette action était permise par le système de principes pertinent (bien que
cela ne soit pas requis, estime-t-il, lorsque A *est justifiée pour moi* [for *A*'s
having been justified for me*]). Cela constituerait une distinction analogue à
celle qui différencie le fait que S soit justifié à croire que p [*S*'s *being justified in
believing that p*] du fait que la proposition *p* soit justifiée pour S, [*the
proposition that p's being justified for* S]. Cela est peut-être correct mais je ne
peux traiter de ce point en détail ici. La conclusion dont j'ai besoin pour cet
article est que c'est le fait qu'une action soit permise [*permission*] plutôt que le
fait qu'elle soit rendue obligatoire [*requirement*], par les principes pertinents,
qui est *nécessaire* à la justification de cette action.

d'épistémologie par un examen final rédigé à domicile plutôt que par un examen passé en classe. Ici nous pourrions être en train de penser à de la justification institutionnelle et, dans ce cas, le critère serait qu'aucune directive de mon département, mon collège ou mon université n'exige que l'examen final soit passé en classe ; mais le fait que je sois justifié n'implique pas qu'il existe une quelconque directive qui exige que l'examen final soit rédigé à domicile. Ou nous pourrions être en train de penser à la justification pédagogique et, dans ce cas, le critère serait que des principes pédagogiques valables autorisent le fait que l'examen final soit rédigé à domicile pour ce genre de cours, non qu'ils exigent qu'il le soit ; bien que, à nouveau, ceci puisse être également vrai.

La manière la plus naturelle d'interpréter la justification des croyances est de façon analogue. Dire que S est justifié à croire que p, au temps t, revient à dire que les règles et les principes pertinents n'interdisent pas que S croie que p en t. En croyant que p en t, S ne contrevient à aucune exigence pertinente. De nouveau, cela n'équivaut pas à dire qu'il est requis ou obligé pour S de croire que p en t, bien que ceci puisse également être vrai. En ce qui concerne les croyances, nous pouvons également distinguer plusieurs modes de justification : moral, prudentiel et épistémique. Ceux-ci peuvent diverger. Il est possible, par exemple, que je sois moralement justifié à faire confiance à mon ami (à croire qu'il est bien attentionné à mon égard) et il est même possible que cela soit moralement requis, bien que, du fait que toutes mes « évidences » tendent à prouver le contraire, la croyance ne soit pas épistémiquement justifiée. Dans cet article, nous nous concentrons sur la justification épistémique. Comment celle-ci se distingue-t-elle des autres modes ? La justification de quoi que ce soit, H, consiste dans le fait que H est autorisé par les principes pertinents : épistémiques, moraux, ou quoi que ce soit d'autre. Dès lors, la question cruciale est : qu'est-ce qui distingue les principes épistémiques des principes moraux ? Eh bien, le « point de vue épistémique » est caractérisé par les objectifs jumeaux consistant à croire le vrai et ne pas croire le faux. Pour présenter cela correctement, nous devrions traiter de la question portant sur le poids de chacun de ces objectifs relativement à l'autre et de nombreux autres problèmes épineux ; mais il suffit ici de dire que les principes épisté-miques régissant l'appréciation des croyances évalueront celles-ci à la lumière de ces objectifs. La façon dont cela fonctionne dépend de la conception de la justification avec laquelle nous sommes en train d'opérer. Selon la conception déontique de la justification, les principes *interdiront* [forbid] les croyances formées d'une manière telle qu'elles seront probablement fausses et *autoriseront* [permit] ou *requerront* [require] les croyances formées d'une manière telle qu'elles seront probablement vraies[1]. Dès lors, selon la conception déontique de la justification épistémique qui est aussi proche que possible de la conception classique de la justification des actions, être justifié à croire que *p* en *t* consiste dans le fait pour la croyance que *p* de ne violer, en *t*, aucun principe

---

1. Les principes portant sur la manière dont les croyances sont formées ne constituent pas la seule possibilité ici. Un partisan de la conception déontique pourrait préférer rendre la permissivité d'une croyance dépendante des « évi-dences » ou raisons de croire que le sujet possède en faveur de cette croyance, plutôt que des fondements qui ont, dans les faits, été employés comme base dans la formation de la croyance. Autrement dit, elle pourrait préférer faire dépendre la permissivité de la croyance de la question de savoir si la croyance a été formée de manière correcte ou sur la base d'une raison adéquate, *autant que le sujet puisse en juger*, plutôt que sur les chances réelles que la croyance soit vraie. Dans la mesure où ces différences ne concernent pas les problèmes discutés dans cet article, j'ai décidé de formuler la question dans les termes de ma position, c'est-à-dire la position selon laquelle l'adéquation factuelle de la base sur laquelle une croyance est formée est cruciale pour son statut justificatif.

épistémique, c'est-à-dire, aucun principe selon lequel seules les croyances qui sont probablement vraies sont permises[1]. Admettons, par exemple, que les croyances en des généralisations ne sont permises que si elles sont basées sur des « évidences » inductives adéquates, sinon interdites, et qu'une croyance perceptuelle que p est permise seulement si (a) elle est formée sur la base du fait qu'il nous semble perceptivement que p et si (b) nous ne possédons pas de raisons suffisantes qui annulent cela [overriding] ; sinon elle est interdite. Nous serons justifiés à entretenir la croyance de la sorte spécifiée si les conditions nécessaires de permissivité pertinentes sont satisfaites ; sinon la croyance sera injustifiée.

Compte tenu du fait qu'il s'agit de la manière naturelle d'employer « justification », il n'est pas surprenant qu'il s'agisse également de la formulation la plus courante chez ceux qui cherchent à être explicites à propos de leurs concepts épistémiques. Le déontologue le plus célèbre est peut-être Roderick Chisholm[2]. Pourtant, en raison des complexités inhérentes à la position de Chisholm, je prendrai comme modèle le déontologue Carl Ginet. Ce dernier présente cette conception de manière admirablement directe.

---

1. Cette formulation est elle-même susceptible de donner lieu à des versions internalistes et externalistes (dans les faits, même à plusieurs variétés d'entre elles), cela dépend si le « probablement » est objectif ou « interne à la perspective du sujet ». Par ailleurs, comme cela est suggéré dans la dernière phrase du texte, cette version de la conception déontique est seulement celle qui est la plus proche du concept ordinaire de la justification des actions ; au cours de cet essai, il s'avérera que cette version n'est pas viable et elle sera remplacée par une conception déontique qui est plus éloignée du cas des actions.

2. Voir R. Chisholm, « Lewis' Ethics of Belief », *The Philosophy of C. I. Lewis*, P. A. Schlipp (ed.), La Sall (Ill.), Open Court, 1968 ; *Theory of Knowledge, op. cit.* ; « A Version of Foundationalism », *The Foundations of Knowing*, Minneapolis, University of Minnesota Press, 1982.

W. ALSTON

> Nous sommes *justifiés* à nous sentir sûrs que *p* est le cas
> [*justified* in being confident that *p*] si et seulement si il n'est
> pas le cas que nous ne devons pas nous sentir sûrs que *p* est le
> cas [one ought not to be confident that *p*] ; c'est-à-dire si et
> seulement si on ne pourrait pas légitimement nous reprocher
> le fait de nous sentir sûrs que *p* est le cas [one could not be
> justly reproached for being confident that *p*] [1].

Or cette conception de la justification est viable seulement si les croyances sont suffisamment sous notre contrôle volontaire pour rendre des concepts tels que l'*exigence* [requirement], la *permission* [permission], l'*obligation* [obligation], le *reproche* [reproach] et le *blâme* [blame], applicables à celles-ci. En vertu du principe, consacré par le temps, selon lequel « devoir implique pouvoir », nous ne pouvons être obligés de faire A si nous n'avons pas le choix de faire ou de ne pas faire A [2]. Il est également évident qu'il n'y a pas de sens à dire qu'il est permis ou interdit à S de faire A si S, dans les faits, n'a pas le choix de faire ou de ne pas faire A [3].

---

1. C. Ginet, *Knowledge, Perception, and Memory*, *op. cit.*, p. 28 [NDA : Alston énumère ensuite, dans cette note, les noms de plusieurs auteurs qui défendent une conception déontique de la justification].

2. De nombreuses exceptions au principe ont été mentionnées récemment. Voir, par exemple, Michael Stocker, « "Ought" and "Can" », *Australasian Journal of Philosophy*, 49/3, 1971, p. 303-316. Toutefois, aucune de ces exceptions n'implique des actions qui ne sont pas habituellement sous notre contrôle volontaire. Dès lors, ces exceptions ne permettent pas de montrer qu'une croyance peut être exigée ou interdite alors que nous n'exerçons généralement pas de contrôle volontaire sur nos croyances. Dans ce paragraphe, les énoncés doivent être interprétés comme exigeant que nous exercions normalement un contrôle volontaire sur nos croyances, non pas que nous exercions un contrôle volontaire sur une croyance particulière dans une situation particulière.

3. Comme nous l'avons relevé, le fait pour une action ou quoi que ce soit d'autre d'être justifié au sens déontique consiste dans le fait d'être *permise*, plutôt que dans le fait d'être requise. Dès lors, c'est la nécessité d'avoir le choix

Pour cette raison, le problème le plus fondamental que pose un énoncé du type de celui de Ginet est celui de déterminer si les croyances sont sous notre contrôle volontaire. La question de savoir si la justification épistémique des croyances peut être conçue de manière déontique ne peut émerger que si tel est le cas.

quant à l'accomplissement ou le non-accomplissement de quelque chose de *permis* qui est cruciale ici.

COMMENTAIRE

Une croyance justifiée est, selon Clifford, une croyance telle que l'individu qui l'entretient a satisfait une certaine *obligation*, celle d'avoir enquêté suffisamment. Dans la mesure où la justification des croyances consiste dans la satisfaction d'une certaine obligation, la conception cliffordienne est, comme nous l'avons vu, une conception *déontique*. Le texte 2 ci-dessus est tiré d'un article très fréquemment cité du philosophe contemporain William Alston. Comme son titre l'indique, l'article en question est précisément consacré à la conception déontique de la justification. Plus exactement, cet extrait d'article comporte deux conclusions importantes. Nous présentons successivement chacune d'entre elles dans les sections suivantes.

CONCEPT ORDINAIRE ET CONCEPTION DÉONTIQUE DE LA JUSTIFICATION

La première de ces deux conclusions porte sur ce qu'il est commode de nommer « le concept ordinaire de justification ». Le concept ordinaire de justification est celui qu'expriment les termes « justifié » et « justification » lorsqu'ils sont employés dans le langage ordinaire, c'est-à-dire le langage des nonphilosophes. Selon Alston, la façon la plus sûre de cerner ce qu'est la justification, en s'appuyant sur le langage ordinaire, consiste à s'intéresser à la signification des termes « justifié », « justification » lorsque ceux-ci sont appliqués aux actions. Nous avons en effet – et c'est un point sur lequel nous avons également insisté lorsque nous avons examiné la relation entre justification et raisons – une meilleure compréhension intuitive de ce que cela signifie pour une *action* d'être justifiée que nous n'avons d'appréhension intuitive de ce que cela signifie pour une *croyance* d'être justifiée. Les phrases du langage ordinaire envisagées par Alston dans l'extrait de texte ci-dessus sont toutes, dès lors, des phrases dans lesquelles « justifié » est prédiqué d'une *action*, par exemple la phrase : « La validation de mon cours d'épistémologie par un examen final rédigé à domicile plutôt que par un examen passé en classe est justifiée. »

La première des deux conclusions importantes que contient le texte 2 résulte de l'examen de ces phrases du langage ordinaire. C'est la suivante : le concept ordinaire de justification est déontique. Autrement dit, le concept ordinaire de justification appartient, selon Alston, à la même espèce que les concepts d'obligation, de devoir, d'interdiction, de permission, etc. Lorsque nous faisons un usage ordinaire du terme « justifié », lorsque nous affirmons, par exemple, que la validation de mon cours d'épistémologie par un devoir fait à la maison est justifiée, nous n'employons pas ce terme pour signifier qu'une certaine action (l'action de faire valider mon cours par un devoir effectué à la maison) est bonne, ni qu'elle est vertueuse. Le concept ordinaire de justification n'est ni évaluatif, ni arétique, mais *déontique* (souvenons-nous des trois espèces de propriétés normatives présentées ci-dessus). Plus précisément – Alston insiste beaucoup sur ce point –, la phrase « la validation de mon cours d'épistémologie par un devoir fait à la maison est justifiée » signifie que la validation de mon cours par un devoir de ce type est *permise* et non pas *obligatoire*. En résumé, la première des deux conclusions importantes que compte le texte 2 est la suivante :

La thèse de la conception ordinaire

> Lorsque la justification est conçue de manière ordinaire, une action/croyance justifiée est une action/croyance *permise*.

CONCEPTION DÉONTIQUE DE LA JUSTIFICATION ET VOLONTARISME

La seconde conclusion cruciale que contient l'extrait du texte 2 a la forme d'une conditionnelle. Autrement dit, il s'agit d'une affirmation qui porte sur ce qui est le cas, si quelque chose d'autre est le cas, comme le fait, par exemple, l'énoncé « si vous dilapidez vos économies (premier état de choses), alors vous ne pourrez pas partir en vacances (second état de choses) ». À la manière de cet énoncé, la seconde conclusion cruciale de l'extrait 2 nous indique qu'il existe une certaine relation d'implication entre deux états de choses. Plus précisément, la seconde conclusion cruciale du texte 2 nous indique ce qui est le cas si la justification est conçue de manière ordinaire, c'est-à-dire identifiée à une propriété déontique.

L'implication volontariste de la conception déontique

> Si les croyances justifiées sont des croyances permises (comme le suppose la thèse de la conception ordinaire), alors un individu n'adopte une croyance justifiée que s'il exerce un contrôle volontaire sur l'adoption de cette croyance.

Le raisonnement qui conduit Alston à formuler cette implication volontariste repose sur deux prémisses qu'il vaut la peine de formuler explicitement.

La première de ces deux prémisses exprime le fait que c'est la conception *étroite* de la permission qui est à l'œuvre dans le raisonnement en question. Il existe, en effet, une conception large et une conception étroite des notions de permission, obligation, interdiction, etc. Dans le cas particulier de *l'obligation*, selon *la conception large*, il est correct d'affirmer que nous avons l'obligation de faire quelque chose même si nous ne sommes pas, dans les circonstances concernées, en mesure de violer ou de respecter cette obligation. Autrement dit, il est correct d'affirmer que nous avons l'obligation de faire quelque chose même si nous ne sommes pas responsables de violer ou de respecter cette obligation.

Lorsque nous affirmons qu'un individu a l'obligation d'accomplir une action, dans certaines circonstances, nous pouvons également avoir quelque chose de plus étroit à l'esprit. Selon *la conception étroite* des obligations, un individu qui a l'obligation d'accomplir une action, dans certaines circonstances, est nécessairement tel qu'il serait responsable de violer cette obligation (s'il n'accomplissait pas l'action en question) ou responsable de la respecter (s'il accomplissait l'action en question).

Lorsqu'une action est obligatoire au sens étroit, les individus impliqués sont responsables d'accomplir ou de ne pas accomplir l'action qui respecterait l'obligation en question. La distinction entre conception large et conception étroite opère de manière parfaitement analogue pour les autres notions déontiques : « permis », « devoir », etc. C'est, par exemple, la conception étroite de la notion de devoir qui est clairement à l'œuvre dans le principe selon lequel « devoir implique pouvoir ». Il existe également une conception large et une conception étroite de la permission. Selon la conception étroite des permissions, un individu qui a la permission d'accomplir une action, dans certaines circonstances, est nécessairement tel qu'il serait responsable de ne pas accomplir cette action (s'il ne l'accomplissait pas) ou responsable de l'accomplir (s'il l'accomplissait).

La première des deux prémisses qui conduit à l'implication volontariste précise que c'est la conception étroite de la permission qui prévaut. La première des deux prémisses est plus précisément la suivante :

> (P1) Une croyance permise est une croyance telle que l'individu qui l'acquerrait serait responsable de l'acquérir et l'individu qui ne l'acquerrait pas, responsable de ne pas l'acquérir.

La seconde prémisse qui conduit à l'implication volontariste est la suivante :

> (P2) Un individu est responsable de la croyance qu'il acquiert seulement si cet individu exerce son contrôle volontaire sur l'acquisition de la croyance en question.

P2 est une prémisse dont le bien-fondé est rendu particulièrement visible lorsque l'on considère les conditions qui sont nécessaires au fait de tenir légitimement un individu pour responsable de son *action*. Il semble, à première vue, toujours illégitime de tenir un individu pour responsable de l'action qu'il accomplit si cette action n'est pas sous son contrôle. Supposez que quelqu'un menace de vous tuer si vous n'insultez pas votre meilleur ami et que vous insultez votre meilleur ami à cause de cette menace, il sera alors illégitime de vous tenir pour responsable, de vous blâmer, pour ces insultes. Et la raison pour laquelle le blâme est illégitime dans ce cas est que l'action d'insulter votre meilleur ami, même si vous avez décidé de l'accomplir, n'est pas une action que vous contrôlez. Vous n'exercez pas votre contrôle sur cette action dans la mesure où la menace de mort vous empêche d'agir autrement.

La même conclusion doit, par parité de raisonnement, être tirée à propos des croyances.

Dans les détails, le raisonnement qui aboutit à l'implication volontariste est donc le suivant :

> (P1) Une croyance permise est une croyance telle que l'individu qui l'acquerrait serait responsable de l'acquérir et l'individu qui ne l'acquerrait pas, responsable de ne pas l'acquérir.

> (P2) Un individu est responsable de la croyance qu'il acquiert seulement s'il exerce son contrôle volontaire sur l'acquisition de la croyance en question.

> (Implication volontariste) Si les croyances justifiées sont des croyances permises (comme le suppose la thèse de la conception ordinaire), alors un individu n'adopte une croyance justifiée que s'il exerce un contrôle volontaire sur l'adoption de cette croyance. (résulte de P1 et P2).

Alston consacre la suite de son article à distinguer plusieurs types de contrôle volontaire que nous exerçons sur nos actions et à faire la preuve de la *thèse involontariste* selon laquelle nous n'exerçons en fait aucun de ces types de contrôle sur nos croyances. Sans entrer dans les détails [1], relevons seulement que la thèse involontariste est, *à première vue*, plus crédible que la thèse contraire, c'est-à-dire que la thèse volontariste. Pour voir cela, demandez-vous simplement dans quelle mesure vous êtes capable de contrôler ce que vous croyez au moment où vous lisez ces lignes. Supposez, par exemple, que vous désiriez intensément croire qu'un pangolin violet est

---

1. Nous ne pensons pas que la thèse involontariste soit correcte. Plus précisément, il est possible, selon nous, d'exercer une forme de contrôle volontaire *indirecte* sur nos croyances. Voir, sur ce sujet, A. Meylan, *Foundations of an Ethics of Belief*, Berlin, De Gruyter, 2013 ; A. Meylan, « The Legitimacy of Intellectual Praise and Blame », *The Journal of Philosophical Research*, 2015.

entré dans la pièce dans laquelle vous vous trouvez (parce qu'on vous a promis plusieurs milliards d'euros de récompense si vous arriviez à y croire juste comme cela). Êtes-vous capable d'acquérir cette croyance juste comme cela, sans prendre de drogues, sans aller chez l'hypnotiseur, etc. ? La réponse est évidemment « non ». Nous ne sommes pas capables d'acquérir les croyances que nous désirons acquérir juste comme cela, c'est-à-dire sans faire quelque chose pour y arriver (et la force avec laquelle nous désirons les acquérir n'y change rien). Le fait que les croyances ne puissent pas être adoptées juste comme cela, simplement parce qu'on désire les adopter, est une caractéristique de ces dernières qui les distingue nettement des actions. Inversement, en effet, nous sommes capables d'accomplir certaines actions (pas toutes et pas toujours), par exemple l'action de lever le bras, juste comme cela, simplement parce que nous désirons les accomplir, simplement parce que nous désirons lever le bras.

La thèse involontariste combinée à l'implication volontariste aboutit à la conclusion indésirable suivante : les croyances ne sont jamais justifiées. Plus précisément, l'argument dont la conclusion consiste à affirmer qu'il n'y a pas de croyances justifiées est le suivant :

> (Implication volontariste) Si les croyances justifiées sont des croyances permises (comme le suppose la thèse de la conception ordinaire), alors un individu n'adopte une croyance justifiée que s'il exerce un contrôle volontaire sur l'adoption de cette croyance.

> (Thèse involontariste) Nous n'exerçons aucune forme de contrôle volontaire sur nos croyances.

> (Conclusion indésirable) Nos croyances ne sont jamais justifiées.

C'est pour éviter cette conclusion indésirable – tout particulièrement pour un philosophe qui conçoit la justification des croyances comme une condition nécessaire à la connaissance, c'est-à-dire pour lequel il n'y a pas de connaissance s'il n'y a pas de croyance justifiée – qu'Alston suggère de ne pas concevoir la justification des croyances de la même manière (ordinaire) que la justification des actions. Pour une action, le fait d'être justifiée consiste, comme le suggère l'usage ordinaire du terme « justifié », dans le fait d'exemplifier une certaine propriété déontique, celle d'être *permise*. Cela n'est pas, selon Alston, vrai des croyances. Le fait pour une croyance d'être justifiée ne consiste pas, selon lui, dans le fait, pour cette croyance, d'être permise ou d'exemplifier une quelconque propriété déontique. La propriété que les actions exemplifient quand on dit correctement d'elles qu'elles sont « justifiées » n'est pas la même propriété que celle que les croyances exemplifient quand on dit correctement de ces dernières qu'elles sont « justifiées » (en dépit du fait malencontreux qu'on désigne ces deux propriétés à l'aide d'un seul terme). La première propriété, celle que les actions exemplifient quand elles sont justifiées, est une propriété *déontique*. La seconde ne peut pas l'être dans la mesure où – comme la suite de l'article dont le texte 2 ne constitue qu'un extrait est supposée le montrer – nous ne sommes pas capables d'exercer, sur nos croyances, le genre de contrôle volontaire que nous devrions pourtant être en mesure d'exercer pour pouvoir être considérés comme responsables de celles-ci.

CONCEPTION DÉONTIQUE DE LA JUSTIFICATION
ET THÉORIES DE L'ACCÈS

Nous venons de voir que la conception déontique de la justification des croyances implique la vérité de la thèse volontariste selon laquelle nous sommes capables d'exercer une forme de contrôle volontaire sur nos croyances. On a souvent attribué à la conception déontique de la justification une autre implication importante :

Implication de l'accès

> Si la justification est une propriété déontique, alors la croyance d'un individu est justifiée seulement si cet individu est capable d'avoir accès à ce qui justifie cette croyance.

Autrement dit, la conception déontique de la justification requerrait l'adoption d'une théorie de l'accès[1]. Pourquoi cela ? Brièvement, l'explication donnée par les philosophes est la suivante. Selon la conception déontique de la justification – comme nous l'avons expliqué ci-dessus – la croyance d'un individu est justifiée (c'est-à-dire, est permise) seulement si l'individu en question est responsable du fait que sa croyance ne viole aucune norme cognitive. Or un individu est responsable du fait qu'il entretient une croyance qui ne viole aucune norme cognitive seulement s'il est capable *d'avoir conscience* de ce qui justifie cette croyance, c'est-à-dire, entre autres, de

---

1. L'existence d'une relation d'implication entre la conception déontique de la justification et les théories de l'accès est largement acceptée. Voir, par exemple, A. Goldman, « Internalism Exposed », *op. cit.* ; A. Plantinga, *Warrant and Proper Function*, *op. cit.* Nous avons nous-même défendu cette idée dans A. Meylan, « La justification des croyances : Mentalisme, accessibilisme et déontologisme », *REPHA*, vol. 5, 2012. Nous pensons aujourd'hui qu'il faut préférer une conclusion plus modérée : seule une conception déontique forte et apparemment peu plausible implique une théorie de l'accès.

l'existence des normes cognitives en question. Pour cette raison, la conception déontique de la justification implique l'exigence commune aux diverses théories de l'accès. Un exemple aidera probablement à mieux comprendre cela.

> Jean est mandaté par un laboratoire médical pour effectuer une recherche sur les vertus du soja. Jean sait que ce mandat ne sera pas suivi d'un autre mandat et qu'il devra une nouvelle fois chercher du travail dès qu'il aura obtenu les résultats désirés. Dès lors, Jean décide de procéder à une investigation très fouillée des vertus du soja de manière à prolonger le plus longtemps possible son temps de travail au sein de ce laboratoire médical. Jean préfère procéder à des expériences dont la mise en œuvre est extrêmement fastidieuse plutôt qu'à des expériences moins longues (pour des résultats équi-valents). Jean est de fait un chercheur assez médiocre qui n'a jamais réalisé – et n'est pas capable de réaliser – l'importance de la recherche scientifique. La seule raison pour laquelle il ne bâcle pas cette fois-ci, comme il l'a toujours fait jusque-là, son travail d'investigation est qu'il est conscient que c'est vraisemblablement son dernier contrat de recherche. À la suite de ces expériences Jean en arrive à croire que le soja contient des enzymes excellentes pour le système digestif.

Supposons que la seule norme cognitive pertinente dans ce contexte ordonne de croire uniquement ce qui résulte d'une enquête. La croyance de Jean respecte scrupuleusement cette norme. Est-elle pour autant justifiée ? Selon la conception déontique de la justification, elle l'est seulement si Jean est, par ailleurs, responsable d'entretenir une croyance qui ne viole pas la norme cognitive en question. Mais, Jean ne semble pas responsable de cela. Il serait, par exemple, inapproprié de féli-citer Jean d'avoir si scrupuleusement respecté la norme qui ordonne d'enquêter. Et – c'est là le point important – la raison pour laquelle il nous semblerait inadéquat de le louer pour son comportement cognitif est qu'il n'a pas (et n'est pas capable d'avoir) *conscience* de l'existence de cette norme cognitive. La croyance de Jean est *de facto* conforme à la norme pertinente dans ce contexte. Mais le fait qu'il ignore l'existence de cette norme nous empêche de considérer que Jean est responsable de la conformité de sa croyance à cette norme.

Le cas de Jean illustre ce que nous avons formulé ci-dessus en des termes plus abstraits. Un individu est responsable du fait qu'il entretient une croyance qui ne viole aucune norme cognitive (par exemple, celle qui ordonne de croire uniquement ce qui résulte d'une enquête) seulement s'il est capable d'avoir conscience de l'existence de ces normes. Selon la conception déontique, dès lors, une des conditions nécessaires à la justification de la croyance d'un individu est que ce dernier soit au moins capable d'avoir conscience de l'existence de la norme cognitive pertinente. Pour cette raison, la conception déontique impliquerait l'adoption d'une théorie de l'accès.

CONCLUSION : CONCEPTION DÉONTIQUE ET CARACTÉRISTIQUES DE LA JUSTIFICATION

Dans la seconde partie de cet ouvrage, nous avons vu que la conception déontique de la justification correspondait très probablement à la *manière ordinaire* de concevoir la justification. Plus précisément, selon Alston, lorsque nous affirmons, dans le langage ordinaire, que telle ou telle action est justifiée, nous sommes, de fait, en train de dire la même chose que lorsque que nous affirmons que telle ou telle action est *permise*. Lorsque nous affirmons, par exemple, à propos de l'action de mentir de Martha, qu'elle est justifiée, ce que nous disons n'est pas que l'action de Martha est bonne (c'est-à-dire qu'elle instancie une propriété évaluative positive) ou vertueuse (c'est-à-dire qu'elle résulte d'une disposition vertueuse de Martha). Ce que nous disons est que l'action de Martha instancie une certaine propriété déontique, celle d'être permise, c'est-à-dire celle de ne violer aucune norme pertinente dans le contexte en question. Nous avons également expliqué pourquoi l'adoption d'une conception déontique de la justification présupposait qu'une forme ou l'autre de volontarisme à propos de l'adoption des croyances fût correcte. Lorsque la justification est conçue de manière déontique, l'adoption, par un individu, d'une croyance justifiée, est forcément une chose sur laquelle cet individu exerce ou a exercé un certain contrôle volontaire. Comment la conception ordinaire, c'est-à-dire la conception déontique, et son implication volontariste s'accordent-elles avec les caractéristiques de la justification présentées dans la première partie ?

Le fait d'identifier la justification à une propriété déontique est évidemment compatible avec sa normativité dans la mesure où les propriétés déontiques constituent précisément une sous-espèce de propriétés normatives. Le caractère graduel, la spécificité multiple et la faillibilité ne soulèvent pas, non plus, de problèmes particulièrement difficiles. En revanche, le caractère graduel et la caractéristique cognitive nous mettent dans une situation plus inconfortable. Commençons par examiner le premier d'entre eux. Si le fait pour une croyance d'être justifiée consiste dans le fait de ne violer aucune norme pertinente, autrement dit, si le fait pour une croyance d'être justifiée consiste dans le fait d'être *permise*, comme l'affirme Alston, alors il est difficile de concevoir la propriété d'être justifiée comme une propriété graduelle. En effet, le fait de violer une norme n'est pas quelque chose qui admet des degrés. Il n'est pas possible de violer plus ou moins une norme : soit on la viole, soit on ne la viole pas.

Il y a deux manières d'esquiver cette difficulté. D'une part, il est *a priori* envisageable de revenir sur ce que nous avons affirmé dans notre première partie, de nier que la justification est une propriété graduelle en s'appuyant, précisément :

> a. sur le fait que, dans le langage ordinaire, être justifié consiste dans le fait de ne violer aucune norme pertinente et ;

> b. sur le fait que ne violer aucune norme pertinente n'est pas quelque chose qui admet des degrés.

Nous ne pensons pas que ce soit la solution la plus prometteuse. Parler de « la plus ou moins grande justification d'une action » semble être quelque chose de parfaitement courant. Si nous tenons à respecter l'usage ordinaire que nous faisons des termes « justification », « justifié » – et cela constitue précisément une des motivations qui animent Alston – nous ne pouvons pas simplement contester le caractère graduel. Une seconde manière d'échapper à la difficulté que le caractère graduel pose à la conception déontique de la justification pourrait être la suivante. Alston ne considère qu'une seule alternative à la thèse selon laquelle être justifié consiste dans le fait d'être *permis*. L'unique alternative qu'Alston envisage –e t qu'il réfute, à notre avis, correctement – est celle selon laquelle, le fait, pour une action, d'être justifiée consiste dans le fait d'être *obligatoire*. Mais l'ensemble des propriétés déontiques ne se limite pas à la propriété d'être permise et à celle d'être obligatoire. Plusieurs autres options mériteraient d'être envisagées [1] avant de conclure éventuellement à l'incompatibilité du caractère graduel et de la conception déontique de la justification.

---

1. Nous ne pouvons entrer dans les détails ici mais la distinction entre devoirs *prima facie* et devoirs absolus, chère à Ross (voir W. D. Ross, *The Right and the Good, op. cit.*) nous semble, à cet égard, prometteuse.

Une autre caractéristique de la justification qui est difficilement compatible avec la conception déontique est sa caractéristique cognitive. En effet, bon nombre de nos connaissances, c'est-à-dire de nos croyances vraies et justifiées (selon la définition traditionnelle), sont des états mentaux sur lesquels nous n'exerçons aucune forme de contrôle. Nous savons toute une série de choses sans y être apparemment pour quoi que ce soit. La connaissance que vous possédez à propos de votre environnement direct, au moment de lire ces lignes, par exemple, est de ce type. Les croyances que vous entretenez à propos de la couleur, de la taille, etc. de l'ouvrage que vous tenez entre les mains vous sont en quelque sorte imposées. Or, selon la conception déontique de la justification, les croyances justifiées sont nécessairement des états mentaux sur lesquels nous exerçons une forme de contrôle. C'est l'une des conclusions du texte d'Alston. Il n'y aurait, dès lors, de croyances justifiées, et donc de connaissances, que lorsque nous exerçons une forme de contrôle sur nos croyances. Ceci contredit clairement ce qui vient d'être mentionné : nous ne contrôlons pas l'acquisition de bon nombre de nos connaissances. Il y a également deux manières de se sortir de ce mauvais pas. La première consiste à nier que la justification possède la caractéristique cognitive. Comme nous l'avons mentionné rapidement ci-dessus, c'est une voie aujourd'hui empruntée par de nombreux philosophes de la connaissance (même si leur motivation n'est pas celle d'éviter la difficulté que nous envisageons ici). La seconde consiste à affirmer que l'on ne fait pas, en réalité, un usage ordinaire du terme « justifié » lorsque l'on définit la connaissance comme « la croyance vraie et justifiée », c'est-à-dire lorsque l'on attribue la caractéristique cognitive à la justification. C'est la conclusion à laquelle se résout Alston dans le texte ci-dessus. Lorsque nous parlons de « croyances justifiées » dans un contexte de discussion qui porte sur les composantes de la connaissance, nous ne faisons pas, selon Alston, un usage *ordinaire* du terme «justifié». «Justifié» a dans ce contexte une signification technique. Nous ne souhaitons pas prendre parti pour l'une ou l'autre de ces deux solutions. Néanmoins, il y a un aspect sur lequel nous voudrions insister : ces solutions ont toutes deux comme conséquence d'affranchir la question qui porte sur la nature de la justification ordinaire – c'est-à-dire sur cette propriété que le langage ordinaire attribue le plus souvent aux actions mais également aux croyances – de la question qui concerne la nature de la connaissance. La question : «qu'est la justification ?» retrouve ainsi son intérêt propre. Un des objectifs de cet ouvrage serait d'avoir rendu cela manifeste.

NOTICE BIBLIOGRAPHIQUE

Nous avons mentionné plusieurs ouvrages en langue française traitant de la justification. Ce sont les suivants :

DUTANT, J., *Qu'est-ce que la connaissance ?*, Paris, Vrin, 2010.
—, ENGEL, P. (éd.), Paris, Vrin, 2005.
ENGEL, P., *Va savoir,* Paris, Hermann, 2007.
POUIVET, R., *Philosophie contemporaine,* Paris, P.U.F., 2008.
– *Qu'est-ce que croire ?*, Paris, Vrin, 2003.
TIERCELIN, C., *Le doute en question*, Paris, Éditions de l'Éclat, 2005.

En langue anglaise, deux ouvrages classiques sont :

ALSTON, W., *Epistemic Justification*, Ithaca, Cornell University Press, 1989.
PAPPAS, G., Swain, M. (eds.), *Essays on Knowledge and Justification*, Ithaca, Cornell University Press, 1978.

TABLE DES MATIÈRES

QU'EST-CE QUE LA JUSTIFICATION ?

TEXTES ET COMMENTAIRES

Julien Dutant, *Qu'est-ce que la connaissance ?*
Hervé Gaff, *Qu'est-ce qu'une œuvre architecturale ?*
Benoit Gaultier, *Qu'est-ce que le pragmatisme ?*
Pierre Gisel, *Qu'est-ce qu'une religion ?*
Jean-Yves Goffi, *Qu'est-ce que l'animalité ?*
Denis Grison, *Qu'est-ce que le principe de précaution ?*
Gilbert Hottois, *Qu'est-ce que la bioéthique ?*
Annie Ibrahim, *Qu'est-ce que la curiosité ?*
Catherine Kintzler, *Qu'est-ce que la laïcité ?*, 2 [e] édition
Sandra Lapointe, *Qu'est-ce que l'analyse ?*
Michel Le Du, *Qu'est-ce qu'un nombre ?*
Pierre Livet, *Qu'est-ce qu'une action ?*, 2 [e] édition
Louis Lourme, *Qu'est-ce que le cosmopolitisme ?*
Fabrice Louis, *Qu'est-ce que l'éducation physique ?*
Michel Malherbe, *Qu'est-ce que la politesse ?*
Paul Mathias, *Qu'est-ce que l'internet ?*
Lorenzo Menoud, *Qu'est-ce que la fiction ?*
Michel Meyer, *Qu'est-ce que l'argumentation ?*, 2 [e] édition
Michel Meyer, *Qu'est-ce que le théâtre ?*
Anne Meylan, *Qu'est-ce que la justification ?*
Cyrille Michon, *Qu'est-ce que le libre arbitre ?*
Paul-Antoine Miquel, *Qu'est-ce que la vie ?*
Jacques Morizot, *Qu'est-ce qu'une image ?*, 2 [e] édition
Gloria Origgi, *Qu'est-ce que la confiance ?*
Mélika Ouelbani, *Qu'est-ce que le positivisme ?*
Claire Pagès, *Qu'est-ce que la dialectique ?*
Claude Panaccio, *Qu'est-ce qu'un concept ?*
Denis Perrin, *Qu'est-ce que se souvenir ?*
Roger Pouivet, *Qu'est-ce que croire ?*, 2 [e] édition
Roger Pouivet, *Qu'est-ce qu'une œuvre d'art ?*
Manuel Rebuschi, *Qu'est-ce que la signification ?*
Dimitrios Rozakis, *Qu'est-ce qu'un roman ?*
Jean-Marc Sébé, *Qu'est-ce qu'une utopie ?*
Yann Schmitt, *Qu'est-ce qu'un Dieu ?*
Alexander Schnell, *Qu'est-ce que le phénomène ?*
Franck Varenne, *Qu'est-ce que l'informatique ?*
Hervé Vautrelle, *Qu'est-ce que la violence ?*
Joseph Vidal-Rosset, *Qu'est-ce qu'un paradoxe ?*
Joseph Vidal-Rosset, *Qu'est-ce que la négation ?*
John Zeimbekis, *Qu'est-ce qu'un jugement esthétique ?*

Imprimé en France par CPI
en novembre 2015

Dépôt légal : novembre 2015
N° d'impression : 132068